U0517429

# 信息时代的财富逻辑

谢作诗 著

华夏出版社
HUAXIA PUBLISHING HOUSE

**图书在版编目（CIP）数据**

信息时代的财富逻辑 / 谢作诗著. ––北京：华夏出版社有限公司，2023.6

ISBN 978-7-5080-8886-0

Ⅰ.①信… Ⅱ.①谢… Ⅲ.①信息经济–研究 Ⅳ.①F49

中国国家版本馆CIP数据核字（2023）第048086号

## 信息时代的财富逻辑

| | |
|---|---|
| **作　　者** | 谢作诗 |
| **责任编辑** | 陈学英　罗　云 |
| **责任印制** | 周　然 |

| | |
|---|---|
| **出版发行** | 华夏出版社有限公司 |
| **经　　销** | 新华书店 |
| **印　　装** | 三河市少明印务有限公司 |
| **版　　次** | 2023年6月北京第1版 |
| | 2023年6月北京第1次印刷 |
| **开　　本** | 880mm×1230mm　1/32 |
| **印　　张** | 8.5 |
| **字　　数** | 153千字 |
| **定　　价** | 68.00元 |

**华夏出版社有限公司**　　地址：北京市东直门外香河园北里4号
　　　　　　　　　　　　　邮编：100028　　网址：www.hxph.com.cn
　　　　　　　　　　　　　电话：（010）64663331（转）

若发现本版图书有印装质量问题，请与我社营销中心联系调换。

感谢段奇志先生、付国良先生、王百超先生、张艳霞女士，
以及杭州零迪科技有限公司、怡安（集团）有限公司慷慨资助！

给重庆移通学院、晋中信息学院、泰山科技学院的同学们！

# 目　录

## 第一章　从信息看世界

## 第二章　信息产业探秘

## 第三章　信息改变业态

## 第五章　信息经济通论

# 每个时代都有各自的财富逻辑

陈丹青说过:"人类的进步主要体现在科学上,艺术就很难说有多大进步,你能说今天的雕塑就比古希腊罗马时期的好吗?"我认为这个说法有一定道理。的确,我们很难说今人歌唱得比古人好,诗写得比古人美。但是,古代的歌唱家和诗人,很少变成富有的人,即使李白和杜甫,也是在穷困潦倒中去世。今天,我们却很容易说出一些比较富有的歌星和作家的名字。相比古代的歌唱家和诗人,他们的生活条件要优裕很多。这到底是为什么呢?

最主要的原因是技术条件不同。因为有现代信息技术,现代歌星才能赚大钱;古代没有,于是唱歌养家都难。正所谓:一个时代有一个时代的技术条件,一个时代也就有一个时代的财富逻辑。

以美国为例。一个世纪以前,农村人口多而分散,于是兴起了邮寄购物。和市场高度分割的小商店相比,以邮寄为特

时代不同，产生财富的逻辑也就不同

色的购物公司给消费者提供了更加多样化的选择和更低的价格，邮寄公司在这段时间内发展壮大，沃德公司和西尔斯公司就是其中的代表。

随着城市化逐步兴起，在城市中心形成了大型百货公司，这些百货公司不仅商品种类更加繁多，还能给消费者提供更直接的购物体验。随着城市人口规模不断增长，这些百货公司取代邮购公司成为零售业巨头，彭尼百货就是这个过程中的代表。

随着汽车和冰箱的日益普及，交通便利并且停车方便的地方（如郊区）开始兴起大型超市，它们又逐渐取代百货公司成为零售业的主体，例如我们熟悉的沃尔玛。

近20年来，移动互联网和手机的普及使得网络购物异军突起，给传统的百货公司和超市带来巨大冲击，亚马逊成为这个时期的代表。

改革开放后，中国用40年走完了美国100多年经历的路，从20世纪80年代初的邮寄商品，到20世纪90年代城市百货商店和大型购物超市的兴起，再到21世纪初以淘宝和京东等为代表的网购企业的快速发展，各种商业模式的零售企业各领风骚十多年，于兴衰存亡之间谱写着各自的传奇与悲歌。

当下以互联网、机器人和人工智能为引擎的新技术革命，正以迅雷不及掩耳的速度发展，其带来的社会变化是颠覆式和脱胎换骨式的。如今，特斯拉的工厂里几乎看不到人，甚至都不需要开灯。未来，智能机器人将成为产品的主要"生产者"，70%甚至更多的工作由它们来完成。那么，人做什么呢？更多的人会从产品生产转到流量生产，这将是我们这个时代最深刻的变革之一。

过去，商业企业建起商场，消费者因购物需求而来到商场，这种流量是被动产生的。现在，数以百万计的各类大小网红，制作知识、评论、娱乐等节目，吸引各自的粉丝前来观看阅读，主动制造流量卖货。

过去，由于受物理属性和技术条件所限，一个人很难同时为很多人服务，财富增速受限；如今，一个人可以同时为几万人甚至几百万人提供服务，辐射面呈几何级扩大，财富可以爆发式增长。过去农业生产能养家糊口就不错了，而今李子柒一年挣1.6亿元。为什么？因为在网络时代，李子柒生产的不是物质产品，而是流量，她满足了众多城市人对诗意田园的精神向往。在工业化时代，大规模生产的是同质产品，无法满足人们小众的、个性化需求，只有到信息经济时代，需求才能实现细分，人们才会找到"真爱"。

假如你对老洛克菲勒说，十年时间就能富可敌国，他一定批评你不切实际。但是阿里巴巴、腾讯、字节跳动真的都只用了十多年的时间；亚马逊、苹果等企业产值甚至超过许多国家的产值。在财富爆炸的时代，世界首富更换频繁，2020年还是贝佐斯，2021年就已经变成马斯克了。

过去，一个人要想开商店，需要建商场、雇员工，至少得租个店铺，这都是不低的门槛。而今，任何人都可以5分钟、免费在手机上注册一个网店。只要你有流量，商家会屁颠屁颠找到你，帮你上架、代你发货，你不用风吹日晒、不必搬运摆摊，就能轻轻松松拿到佣金。"00后"大学生王志猩，通过短视频创作，成为拥有480万粉丝的网红，月入70万元。还在读书的她成立了自己的工作室，雇用学哥学姐，并给他们发工资，上学、赚钱、创业三不误。

正如马云在《未来已来》中讲到的：大企业创造平台（生态系统），帮助这个生态圈里的其他个人和企业活得更好，一个崭新的人人可以"零成本"创业的时代来了。

有人说互联网、人工智能冲击传统行业及其就业了。实际上，受冲击的不是传统行业，而是旧的生产、流通方式。虽然线下门店及其就业人数减少了，但是专门生产流量的人爆增，线上网店因此大幅增加，物流、快递就业人数大量增长，总的就业人数一定远超过去。人类在失去很多传统就业机会的同时，必然迎来新的、更多的就业机会。因此，真正打击传统行业、冲击就业的是我们保守和落后的思想，是我们对未来的无知和恐惧。作为新时代的大学生，如何适应信息革命新趋势，不负这个充满机遇的创新时代，是个值得认真思考的问题。

俞敏洪

2023 年 1 月 10 日

# 万物皆信息

　　南唐诗人李中在《暮春怀故人》中写道："梦断美人沉信息，目穿长路倚楼台。"作为日常用语，信息指"音讯、消息"的意思。而信息论的创始人香农则认为："信息是能够用来消除不确定性的东西。"这意味着，万物只要具有稳定性，就必定包含了特定的信息编码。

　　早晨去农贸市场，你会发现，卖肉的和卖肉的聚集在一起，卖菜的和卖菜的聚集在一起。按说，一个人卖菜，没有其他人竞争多好。但这样做的话，消费者怎么相信你没有卖高价呢？为了取信于消费者，大家就聚集在一起卖。当消费者看到有很多商户都在卖菜时，就大抵会相信商户不大可能卖高价。聚集，本身就是在向消费者传递这样一个信息：不可能卖高价。

　　求婚的时候，男方一般要向女方送彩礼。为什么有这样的习俗呢？因为在婚恋问题上男女双方的成本不一样。女人会

万事万物皆信息

怀孕生孩子，男人却不会。女人一旦怀孕了，不要说养活孩子，连自身生存都可能成问题。也就是说，在婚恋中，女人的成本高，男人的成本低。因此，对于女人来说，就必须认真甄别：这个男人有没有能力养活自己和孩子？他是真心爱自己还是仅图一时之欢？可是，男人有没有挣钱的能力、是不是真心爱自己，并不显而易见。收彩礼，就是解决这个问题的办法之一。男方通过送彩礼可以告诉对方：一、我有能力挣钱养活你和孩子；二、我是真心爱你的，毕竟言论没有成本，行为却有代价。雄孔雀长着一个大大的尾巴，也是在向雌孔雀传递信息：你看，我拖着这么大一个尾巴，还能活得好好的，可见我基因好、身体强壮。

董明珠高调宣布，格力空调 6 年免费维修，这是强有力的信息传递：格力产品的质量是过硬的。拼多多上的东西鱼目混珠，如何让消费者相信所买的东西物有所值呢？办法就是先用后付款：这下你相信我了吧！由于信息不对称，人际互信并不天然存在，你的项目能不能赚钱，他人不了解，如何让他人融资给你？你拿资产做抵押呀，资产就起到了信用担保的作用。

只要你是有心人，就会发现生活中万事万物皆信息。甚至每一种物品，背后都包含着特定的信息。粮食、手机、汽车，它们是物品，似乎与信息无关，实际却不是这样的。所有的物品，背后都包含了生产它们所需要的知识。知识也是信息，是通过深思熟虑处理过或系统化的信息。知识能够丰富人的思想，能够让人更聪明。当我们获得知识后，通过思考，就能解决我们以前所不知道的很多问题。因此培根说，"知识就是力量"。

人类早在 3000 年前就接触到了石油，但是并不清楚这是什么、能干什么。随着认知能力的提高，人们逐渐将其用作防水材料、燃料和军事武器。直到 19 世纪中期，人们才真正了解清楚石油并成功探索出提炼方法，但还是无法完全掌控它。进入 20 世纪中期以后，随着科学知识的发展，人们终于掌控了石油，石油从此成为现代经济最重要的动力引擎。这是一个经济增长的过程，是人类社会发展的过程，同时也是知识进步的过程。

现在，连生物学也成为一门研究信息、指令和编码的科学。基因封装信息，并允许信息的读取和转录。人体本身就是一台信息处理器：记忆不仅存储在大脑里，也存储在每一个细胞中；DNA 是细胞层次上最先进的信息处理器，它是一种编码，用 60 亿比特的信息定义了一个人。进化生物学家理查德·道金斯认为："所有生物最核心的并不是物质，而是信息。生物体中的所有细胞都是一个错综复杂的通信网络中的节点，它们一刻不停地传输和接受信息，不停地编码和解码。而进化本身正是生物体与环境之间持续不断的信息交换的具体表现。"

可以这样讲，世界之所以呈现如此面貌，是由背后的信息密码所决定的。因此，信息是我们理解这个世界的一个恰当角度。信息技术改变着信息传播的效率，降低了获取信息的成本，因此必然改变我们生产生活的方方面面。例如，在数字经济下，银行就可以利用卫星遥感和图像识别技术，帮助种粮大户用农作物作抵押，获得贷款。而在传统金融中，种粮大户必须用土地、机器、厂房等资产做抵押才能融到资金。又如，国美曾经依靠巨大的门店出货量带来的渠道议价能力，做到了低价大规模集中采购，一件电器能够比市面价便宜很多，从而扶摇而上成了商界耀眼的明星，黄光裕也因此成为当时的中国首富。但如今，即便黄光裕重掌国美，国美也避免不了破产的命运，就是因为互联网信息技术彻底改变了商业的模式。再如，在现代战场上，再也见不到成建制的大规模部队了，这是现代信息技术的产物。可以预期，随着现代信息技术的进一步发展，企业、学校等各种组织的结构也会发生根本性的改变。

要理解商业的内在逻辑，信息无疑是最好的切入点。

本书由三部分组成：一是从信息的角度解读形形色色的现象和行为；二是分析信息产业中的一些独特事例，以及信息技术对我们生产和生活的影响；三是对信息经济的一些基本理论进行探讨。本书讨论的问题虽然丰富多彩，但始终围绕着信息这个中心展开，而且都是纯正的经济学分析，因此可以用作经济学教学的素材。在写这本书的时候，我特别注意内容的通俗性和趣味性，因此本书也非常适合大众阅读。

在本书写作过程中，廖成林教授提出了宝贵的修改意见。另外，本书借鉴了张五常、朱锡庆、薛兆丰、俞炜华、齐亮、古原、赵峰等人的部分观点，在此一并表示感谢！本书还使用了一些网上检索的素材、材料，因各种原因无法一一标示作者，在此特致歉意并深表谢意！

谢作诗

2022 年 12 月 18 日

# 第一章

# 从信息看世界

## ↑明星为何挣大钱?

如果你是横店的群众演员,每天既要演泥里打滚的士兵,又要演挑担子的苦力,中午吃的是剧组最便宜的盒饭,一天收入大约是 200 元。而如果你是大明星,有房车、生活助理和专餐,演一部戏的收入是几千万元,平均下来一天的收入是几十万元。

为什么两者的工作性质接近,收入却如此悬殊呢?

明星获得巨额收入无疑是因为他们稀缺。明星之所以成为明星,是因为他们有一些别人无法替代的特征,比如体育明星刘翔有快如电光的速度,喜剧演员葛优只要站在那里就有令人想笑的幽默感。

然而,稀缺的东西多了,为什么并不是所有的都能挣大钱呢?

因为明星生产的是视听服务,属于共用品。所谓共用品,就是一个人使用不影响其他人也使用的物品。明星可以同时为

为什么今天的明星能够挣大钱，但在古代却不能

**很多人服务，这使得明星具有赚大钱的可能性。**

如果技术上让明星可以低成本为很多人服务，并向他们收费，那么赚大钱的可能性就变成现实。信息技术使得以低成本向每位顾客提供服务成为可能，超级明星于是就产生了。

作为有史以来最伟大的球王，贝利在 1958 年瑞典世界杯惊艳亮相。两年后，他在桑托斯队的年薪是 15 万美元，相当于现在的 110 万美元。这个收入在今天看来只能算中等，远远排在梅西、C 罗、内马尔这些年收入动辄数千万欧元的球星后面。并非贝利技不如人，而是在那个时代，没有那么多人有机会领略他的球技。1958 年，巴西总人口为 7000 万，却只有 35 万台电视机。世界上第一颗无线电通信卫星 Telstar（电星 1 号）是 1962 年发射的，没有赶上贝利在世界杯的首次表演。而如今的世界杯，可以通过电视和互联网辐射到全球的各个角落，把所有场次相加，相当于有上亿人观看了同一场比赛。

演艺市场也一样。电影这一新技术诞生后，首位全球超级影视明星卓别林，为埃山奈电影公司拍摄了 12 部喜剧，获得了 67 万美元的报酬。这在当时已经是天价片酬了，但也比汤姆·汉克斯参演《达·芬奇密码》的 2500 万美元片酬和布拉德·皮特参演《史密斯夫妇》的 2000 万美元片酬少很多。这是因为，在卓别林时代，电影尚处于无声阶段，受众有限，随着电影技术（3D 技术、数字技术、多厅影院等）的发展，电影的市场变得更大了。

众所周知，在古代，演员（戏子）的地位是低下的。古代有三教九流之说，戏子属于下九流，而今的演艺明星备受追捧。为什么会有这种差异？根本原因在于，古代信息技术不发达，演员纵然演艺超群，也只能为少数人服务，难以挣大钱。今天信息技术发达，演员可以同时为很多人服务，明星演员可以挣到大钱，正所谓"经济基础决定上层建筑"。

科研人员生产的知识也是一个人使用不影响其他人也使用，然而一线的科学研究人员，即便诺贝尔奖获得者，其一辈子的收入连某些明星的零头都不到，这又是为什么呢？

这是因为，科研人员生产的知识与明星生产的视听服务有很大的不同。视听服务直接满足人们的感官享受，不需要额外的学习成本，而科研人员生产的知识，需要付出额外的学习成本才能享用。成本越高，受众就越小，因此科研人员的工作即使重要，也未必能挣大钱。

经济学者之所以喜欢劝作者尽量不要向他人送书，正是因为读书的主要成本并不是买书的费用，而是读书的时间和对心智的消耗；只有愿意花钱买书的人，花时间读书的可能性才大。

由于信息技术的发展大大增加了知识变现的可能性，万事俱备，只欠如何降低学习成本这个东风了。因此可以预期，将知识大众化、通俗化甚至娱乐化，将会成为势不可挡的潮流，而易中天、袁腾飞、薛兆丰等就是这一潮流中的代表。过去，学者们主要将精力用于创新知识，未来，必然有大量学者致力于知识的大众化、通俗化，"学术明星"将会大量涌现。

共用品具有的一个人使用不影响其他人也使用的性质，使得容易出现赢者通吃的局面，这就是头部明星引人关注并拿到巨额广告费，而其他演员、运动员则默默无闻的根本原因。博尔特的百米速度比第二名只快零点几秒，可是所有的赞助商争相在他身上花钱，银牌和铜牌选手却无人问津。普通人根本分不清朗朗的琴声与其他人的有什么不同，但人们只记得朗朗。

想想两百年前的情形。那时候，每个地区恐怕都有各自的歌手、名角和运动健将，因为信息不通，他们得以雄霸一方。但在今天，信息技术已经完全打破了地域隔阂，人们只要花同样的价钱，就能欣赏古往今来最出类拔萃的表演。既然可以听最好的、看最好的，为什么还要把时间浪费在稍次一点的表演者身上呢？

共用品赢者通吃这个现象非常普遍。例如，很多技术人员声称，当年 IBM 的 OS/2 在技术上其实与微软的 Windows 不相上下，但微软一旦赢得市场，就赢尽市场。

曾经有不少人，包括一些著名的经济学家，都认为市场不能有效提供共用品，需要由政府提供，然后让人们免费使用。他们竟然忽视了共用品无处不在，歌曲、电影、知识、体育运动、互联网平台，这些都是共用品，而市场很好地提供了它们，很多人还因此赚了大钱。

## 商业中的类聚

张五常教授在《讯息费用与类聚定律》一文中解释过为什么五星级酒店里服务生的相貌和身材非常平均这一现象。因为交易价格不能公开，顾客又不便逐个问价，于是只能根据服务生的平均水平出价。这样一来，相貌和身材高于平均水平的就会因为回报低而选择离开，低于平均水平的又因为无人问津也会离开。无论是美若天仙者还是不堪入目者，都无法在同一市场立足，因此就出现了相貌和身材雷同的现象。

张五常教授把这个解释一般化：假如识别商品的价格或质量的费用较高，那么就会出现类聚现象。

的确，在市场中，买家只有了解商品的质量和价格等信息，才可能产生交易。可是买家掌握的信息往往较少，因此，如何降低信息费用、扩大交易基础，就一直是商业的重大课题。

类聚的一个重要功能就是节约买家的信息费用。例如，菜市场通常分成蔬菜区、水果区、肉食区、水产区。顾客到了菜市场，往往直奔自己要买的东西所在的区域，而不会浪费时间从头到尾在市场上逛一遍。

按说，一个人卖菜，没有其他人竞争多好。但这样做的话，购买者怎么相信你没有卖高价呢。为了取信购买者，售卖者就聚集在一起。当看到有很多人在卖菜，彼此竞争，购买者就相信卖菜者不大可能卖高价。而且聚集在一起卖，也方便购买者比较、识别蔬菜的质量。集市根据商品种类分区，让卖肉的和卖肉的聚在一起，卖菜的和卖菜的聚在一起，既方便了顾客挑选，又使价格更加透明公道，从而能够吸引更多购买者。

类聚现象在商业活动中非常普遍。例如，卖衣服的会聚集在服装城，卖餐饮的会聚集在餐饮一条街，像沈阳的五爱市场就只卖服装，北京的琉璃厂专卖文化用品，这就大大节约了顾客的搜寻成本。

即便价格透明，如果不能识别商品的质量，交易仍然难以完成。知价而不知质，基本上等于不知价。因此，即便价格是透明的，还是会出现同质商品类聚的现象，例如高档品和低档品会分区出售。最直观的例子是，地摊上不大可能卖真名表，盗版市场里不会售卖正版碟片。

一般来说，卖高档品的地方环境优美、装潢豪华。这就是人们常说的"好马配好鞍"。

　　假设高档衣服每件 1000 元，低档衣服每件 100 元，高档装潢下每件衣服分担 100 元装潢费，低档装潢下每件衣服分担 10 元装潢费。那么，在不同的装潢下选择卖什么档次的衣服呢？

　　在高档装潢的情况下，如卖高档衣服，价格为 1100 元，如卖低档衣服，价格为 200 元，1 件高档衣服 =5.5 件低档衣服。在低档装潢的情况下，如卖高档衣服，价格为 1010 元，如卖低档衣服，价格为 110 元,1 件高档衣服 =9.2 件低档衣服。在高档装潢的情况下，一件高档衣服相当于 5.5 件低档衣服，而在低档装潢的情况下，一件高档衣服相当于 9.2 件低档衣服。这说明，高档装潢使得高档衣服相对便宜了，使得低档衣服相对贵了。低档装潢的情况正好相反。因此，高档店里是不会卖低档商品的，低档店里也不会卖高档商品。

　　商店本身的档次就告诉你商品的档次。于是，人们就可以根据商店环境来判断商品档次，这就大大节约了顾客的搜寻费用。一个想买高档品牌服装的人，一般不会去小商品城；一个想买便宜货的人，一般不会去高档商城。甚至，高端超市和普通超市里面的东西也不一样。例如，OLE 超市里的鸡蛋就没有散装的。

　　一些服装，虽然都是一个厂家生产的，但也会分出高端品类，重新起个名字，单独在一个区或者一个店卖。比如爱慕内衣、鄂尔多斯羊绒衫，都是高低档分区的。当然，这里面除了有节约顾客搜寻费用的考量之外，也有价格歧视的因素，后者不是这里我们要讨论的问题。

上述分析的一个含义是，假如商品信息容易获得，那么就不会出现类聚的现象。例如，药品一般是标准化的，即便非标准化，由于专业性太强，大部分人逛药店也看不明白，需要听店员的推荐，因此药店就很少有类聚的现象。又如，酒店也不类聚，因为方便顾客出行是首要的，而质量、价格等信息可以由评级、外观环境等来传递。

当然，也有其他不类聚的情况，"百货商场"就意味着物不类聚。这是因为，有一部分漫无目的的消费者，例如，有些女同胞就以逛街试衣服为乐趣，并没有特定的购物目的，还有一些人一次要买很多种东西。另外，有太多出售同类物品的商店，会使购物中心的租值下降。尽管如此，楼层之间也是有一定分工的。例如，一般一楼卖金银首饰、化妆品，二楼、三楼卖衣服、床上用品，四楼卖文具用品。

今天有大量分散在社区中的便利店，店中一般会卖蔬菜水果。要知道，蔬菜水果的价格会随季节而变化，很不确定，那么这是否表明类聚分析错了呢？实际上并没有，这是互联网等信息技术高度发达，致使价格透明的缘故。信息技术深刻改变着我们的日常生活，只是我们不自知罢了。

## 连锁经营的灵魂

出门在外，只要稍微留意就会发现，火车站里的食店都是麦当劳、肯德基、永和豆浆、李先生加州牛肉面等品牌连锁店。这是为什么呢？

这是因为，火车站里往来的都是陌生人，并且绝大多数属于一次性消费，因此就有一个信任的问题：顾客凭什么相信你的饭菜质量有保障、不会索要高价呢？解决的办法，就是连锁经营。一旦某个门店出现质量问题或者索要了高价，其他门店都将受到牵连。连锁经营提高了单个门店出现质量问题或者索要高价的成本，从而可以取信于消费者。

连锁经营有多种形式，如直营连锁、特许经营和自由连锁等，背后的经济考量也不唯一，可能为了追求统一采购的低价优势，也可能为了节省试错成本，还可能是一种出售管理知识的方式（知识难以直接交易），但其最核心的功能是解决信息问题、信任问题。因此，统一标准就成为连锁经营的生命线。店铺标准化、业务流程标准化、管理方式标准化，甚至企业文化也标准化，这几乎是所有连锁店的标配。例如，我们到任何一个地方，只要看到"肯德基"三个字，立即就能知道里面卖的什么、环境怎样，以及质量和价格如何。这样做，不仅解决了顾客的信任问题，也大大节约了顾客的搜寻成本。

一般来说，连锁经营对了解信息少的生客的吸引力较大，对本地熟客的吸引力则较小。这就是在火车站这样的陌生人社会里连锁食店普遍，而在社区等熟人社会大多是各色餐馆的原因。相对来说，标准化产品信息透明度高，非标准化产品信息透明度低，因此，非标准化产品多采用连锁经营，而标准化产品就很少选择这样的经营方式。由于服务业非标准化，因此服务业中连锁经营的例子比比皆是。工业品标准化，于是工业企业就集中精力经营商标品牌。例如，市场上有各种苹果专卖店，但这些专卖店和苹果公司没有隶属关系，属于独立的商业主体，彼此纯粹是买卖行为。苹果公司只需把自己的商标品牌经营好，就可以解决信任问题。

不妨以酒店业为例分析连锁经营的要点。当初季奇先生在法国看到一家叫宜必思的快捷酒店后，立即意识到，随着经济发展和中产阶层的崛起，酒店将迎来快速发展的春天，于是回国创办了名叫如家的快捷酒店。

他采取三步走战略。第一步，0—30家自营酒店，练团队、练系统、练标准化。第二步，30—200家，跟房东联营。比如，你家有房子，你不要租给别人，咱们一起开酒店，我保证给你的分红比别人给你的租金高。随着品牌影响力越来越大，就进入第三步，200家以上，实行特许连锁加盟。如家现在扩张到了2500家门店，大部分都是加盟店。在成功创办了如家之后，季奇先生又投资了其他几家快捷酒店，几乎占了全国快捷酒店的半壁江山。

但也有不少连锁失败的例子。例如，当初小肥羊比海底捞出道早，也比海底捞影响大，然而海底捞成功了，小肥羊却失败了。究其原因，根本的一点就是在快速扩张的过程中小肥羊没有解决好标准化问题。海底捞有一个重要的制度：师傅可以享受徒弟所开店三年内一定比例的利润。表面上，这解决的是师傅传授徒弟真经的激励问题，实际上还有门店标准化的问题。这个制度有效地保证了门店之间质量水平的整齐划一。须知，标准化是连锁经营的灵魂，是其赖以存在的基础。《三国演义》中火烧连船的故事大家都熟悉，一条船着火，烧掉的是整个水军。同样，在连锁经营的情况下，一个店的质量出了问题，损害的将是全体加盟店。

注意，从经济学的角度看，好产品并不是特指高质量的产品，而是指质量标准、稳定的产品。质量高，价格也会高；质量低没有关系，卖低价格就可以了。但如果质量不标准、不稳定，那么就会大幅增加顾客的交易费用。

　　回过头来再说季奇先生的如家酒店。如果没有第一步自营——练团队、练系统、练标准化，没有第二步往外扩张来做测试，直接跨到第三步，就很容易出问题。所以，总部最重要的职能并不是自己经营，而是给门店赋能——流量赋能、管理赋能、品牌赋能，而最核心一点，是确保标准化，维护品牌价值。生意的起点是产品，生意的爆点是模式，生意的顶点是品牌。

　　当然，也不一定都像季奇先生那样从自营做起。当你看到别人家的生意爆好，你可以找他合作："你的店生意这么好，我想跟你合作，把你的店进行全国复制加盟。总投资500万元全部由我来投，给你20%的股份。我招一个加盟店收5万元，你拿2万元，剩下的3万元归公司所有。你任我们这家连锁公司的技术和标准总顾问，每个月再给你发3万元的工资。"

　　能开好店的人不一定能做好连锁经营。能炒好菜的人不一定能把饭店开好。你要把一家饭店开好，你一定要会炒菜吗？能炒菜的叫厨师，能把店开好的叫店长，能把连锁做好的叫企业家，能玩转资本上市的叫资本家。如果什么都能自己做好，那你就是神。可你要知道，就算神也有分工，求学要拜文昌帝君，求子要拜观音菩萨，求智慧要拜文殊菩萨，求平安要找如来佛……

　　但不管怎样，连锁经营的灵魂是标准化，核心是解决信息问题、信任问题。这个根本不能丢。

## 广告中的经济学

生活中处处有广告。电脑网络、影视媒体、报纸杂志、户外室内，甚至电线杆上、公厕里，都能看见它们的身影。很多人以为广告只是现代商业社会的产物，实际上在两千多年前就有广告了。《广告极简史》一书中讲道："秦汉时期，最主要的广告形式是口头叫卖广告、音响广告和悬帜招幌广告。在汉代，卖糖的小贩光卖糖可不行，还得会门乐器。《诗经·有瞽》记载'箫管备举'。汉代郑玄解释：'箫，编小竹管，如今卖饧者所吹也。'可见，在汉代卖饴糖者用箫管发音作为广告。"

顾名思义，广告的作用是广而告之。那么，买卖双方谁来做广告？一个有趣的现象是，正规医院往往在电视上做广告，而自称是"老中医"的则常常把广告贴在电线杆上。同样是在电视上做广告，汽车做的广告通常比自行车的多。这中间有什么规律呢？

一般来说，由买卖双方中数量少的一方做广告，可以减少广告数量，降低广告费用。一般商品卖家少买家多，因此往往由卖家做广告；用工是卖家多买家少，又常常由买家做广告。

很多劣质商品的推销员都有一套话术："同类产品，为什么那些名牌更贵？是因为他们把钱用来打广告了，所以价格更高。"大众中也有不少人反对广告，认为广告丝毫不改变产品的属性，因此并不增加价值，相反，由于有广告费，反而推高了产品的价格。这些说法对吗？

首先，历史成本并不影响价格，不可能说花的钱多就可以卖高价，果真如此，就不会有亏损发生，企业也就不会拼命降低成本了。因此，广告费进入价格的说法不成立。

其次，广告未必推高成本，更可能降低成本。因为广告带来的巨大销量可以转化为规模效应，极大地降低生产成本。例如，生产 1 亿台汽车的平均成本会比生产 1000 台汽车的低很多。

最后，一件产品被生产出来，它就有了满足人们欲望的某项使用属性，但这一属性不一定广为人知，而广告能够让更多的人了解到它的使用属性，从而促进交易。这正是新产品广告投入相对多的原因。另外，交易也创造价值。一支笔，卖家认为值 5 元，买家认为值 7 元，6 元成交，整个社会就增加了 2 元的价值。广告既然能够促进交易，说明本身也创造价值。

**广告所增加的利润并非凭空产生，也非从消费者那里转移过来，广告本身就是生产力。**

假设高档衣服每件 1000 元，低档衣服每件 100 元，高档广告下每件衣服分担 100 元广告费，低档广告下每件衣服分担 10 元广告费。那么，不同档次的衣服应该选择什么档次的广告呢？

在高档衣服的情况下，如选择高档广告，价格为 1100 元，如选择低档广告，价格为 200 元，1 件高档衣服 =5.5 件低档衣服。在低档衣服的情况下，如选择高档广告，价格为 1010 元，如选择低档广告，价格为 110 元，1 件高档衣服 =9.2 件低档衣服。在高档广告的情况下，一件高档衣服相当于 5.5 件低档衣服，而在低档广告的情况下，一件高档衣服相当于 9.2 件低档衣服。这说明，高档广告使得高档衣服相对便宜了、低档衣服相对贵了。低档广告的情况正好相反。因此，高档衣服是不会选择低档广告的，低档衣服也不会选择高档广告。

广告是商家给消费者的一份"承诺书"。你看，我花了上亿元投广告，在产品质量上是不会弄虚作假的。但是，这并不是说，假如我弄虚作假了，那上亿元广告费就沉没了，而是在做广告的时候，商家就要进行上面的利弊计算，他明白给假冒伪劣产品大做广告本身就不经济。

**广告传递了商品档次的信息。**这就是正规医院不会去电线杆上做广告的原因，也是商家宁愿花大价钱请明星做广告也不愿请我的缘由。那些在电线杆上做的医疗广告，大抵是骗局。可惜，很多人不愿意花一分钟思考广告是不是事实，却愿意花很多时间抱怨自己被广告骗了。毕竟，思考辛苦，而抱怨是最容易的事。

还有很多商家抱怨消费者有眼无珠，自己的产品和服务那么好却无人问津。但你去看他们的广告和营销，简直不堪入目，甚至一张符合审美的宣传海报都没有。合格的商家不仅要以产品质量差为耻，也要以自己的广告营销差为耻。

生活中，有没有给假冒伪劣产品大做广告的呢？有，但这是因为被发现后追责难，其他因素变化了。其实，在同样都追责难的情况下，人们仍然会选择给高档品做高档广告，给低档品做低档广告。

就像有失败制造一样，也会有失败广告。回报不能弥补其投入，在经济生活中是一件再正常不过的现象。失败广告的存在只能说明广告主投入失误。广告的目的是增加商品的价值，并且往往成功实现了这一目的，这不会因为有失败广告而改变。

## 魅力无限的商标

一瓶飞天茅台，市场价格 3000 元，假如散卖的话，我估计顶多能卖 300 元，两者的价差难道是瓶子的价值？当然不是。是商标、品牌的价值。那么，如此之高的价值是从何而来的呢？

设想，若没有商标、品牌，而你想买一瓶茅台口味的酒，如何才能买得到？你得满市场搜寻，一家一家找、一瓶一瓶尝。我赌你啥事不干，一周时间都找不到想要的酒。再想想，一个能喝得起 3000 元酒的人，他的时间成本是多少？保守说，应该不会低于每天 2000 元。因此，如果没有商标、品牌，你买同样一瓶茅台，至少得花 10000 元。这说明，商标、品牌大大节约了人们的搜寻成本。

商标、品牌的另一个作用是传递有关商品品质的信息。假设你想买一辆自动驾驶汽车。如果没有商标、品牌，你敢不敢买？根本就不敢，因为你无法相信车的质量。但有了特斯拉

没有商标的散装茅台酒能卖多少钱呢?

这个品牌，你就敢买了，因为商标、品牌值钱，特斯拉不可能为了骗你几十万元而牺牲几百亿元的品牌价值。商标、品牌其实是商家对消费者的一份承诺书。

一开始是人们的消费经验表明某个商家的商品质量好，通过口口相传形成了口碑，口碑可能是最早的品牌。有口碑的商品，人们可以免去体验对比，从而节约了考核成本。受此启发，商家就会主动维护它的商誉，比如建立一个包括质量检验、售后维修、宣传推广等的维护系统

现在，在大多数情况下，我们买东西只需看品牌而不必进行质量考核，因为品牌已经传递了关于商品品质的信息。品牌的美誉度越高，其质量就越稳定可靠。

如果商品是同质的，那么商家就只能面对一条水平的需求曲线，即只能是价格接受者。但如果商品存在差异，那么商家面对的就是一条向下倾斜的需求曲线，就有一定的定价权，可以在高价少卖和低价多卖之间进行选择。也就是说，商家可以获得一定的垄断权。

垄断可以产生更高利润。从我们这里的分析来看，垄断者获得更高利润对消费者也有一定的好处，即消费者节约了搜寻和质量考核的成本。可见主流经济学关于垄断必定损害消费者利益的说法不对。商业之道绝对不是通过损害他人来使自己获利。

　　桌上放着两杯可乐，装在一模一样的两个玻璃杯中。一杯是可口可乐，另一杯是百事可乐。你真的能分清哪个是可口可乐哪个是百事可乐？但如果把这两种可乐分别灌进红蓝两个瓶子，贴上各自的LOGO，那么差别就出来了，你对这两杯可乐的看法和观感也随之产生差异。

　　这就是张伯伦所说的，产品差别可以仅仅来自心理。在我看来，茅台镇的很多酒跟茅台酒没什么差别，至少没有它们在价格上的差异那么大，但如果招待重要客人，你会选择茅台。在茅台镇就有这样一种说法：如果有人请你吃饭拿的是茅台酒，说明你很重要；如果拿的是光瓶的茅台，说明他把你当自己人；如果拿的是用矿泉水瓶装的老酒，那说明你俩关系真好。

　　可见，在社交场合人们不只是喝茅台酒，还在通过茅台传递对客人的重视和尊重。茅台这个品牌起到了信号传递的作用，茅台酒厂在卖酒的同时还兼卖了"飞天茅台"四个字。

　　广告教父大卫·奥格威说，品牌代表一种形象。品牌大师大卫·艾克说，品牌代表消费者掌握的与商品、企业相关的知识。品牌将自家的产品与他人的产品区隔开来，使自己从竞争中脱颖而出。

　　在大街上琳琅满目的招牌里，让消费者一眼就能认出你来，或者在货架上几十种同类商品中，让消费者一眼就看出你与其他产品的不同，这对于一个品牌来讲至关重要。因此，个别地方统一门店牌匾的做法是极其错误的，这等于是在限制交易、消灭财富。

恒大冰泉投了40多亿元做广告，可就是卖不出去，这可能与使用恒大这个商标有很大关系。因为一提到恒大，消费者就会认为是盖房子的，会认为你做水不专业。茅台也生产过红酒、啤酒，然而都没有成功。这说明，品牌是不可以胡乱延伸的。

有段时间冲上热搜的巴黎贝甜，名字就取得好。巴黎贝甜跟法国无关，跟巴黎更没有半毛钱的关系，它是韩国艾丝碧西食品有限公司旗下品牌。其原意是指"巴黎法棍"，"法棍"代表着正宗的法式面包。如果把品牌命名成"釜山特酸"或"仁川超辣"，估计就卖不动了。狡猾的韩国老板起个巴黎贝甜，蹭法国人的流量，给人一种高大上的感觉。

可口可乐的传奇总裁罗伯特·伍德鲁夫曾说："即使全世界的可口可乐工厂一夜之间被烧毁，我也可以凭可口可乐商标，重新获得投资，几个月后东山再起。"这就是商标、品牌的力量。

拼多多上有不少卖"白牌"商品的，也就是，他们给品牌商做代工，没有自己的品牌，不能贴标，为了多挣钱，有时自己在拼多多上卖。同样的商品，贴标和不贴标，价格相差好几倍。这就是品牌的力量。品牌带来识别，品牌保证质量，品牌制造差异，品牌产生溢价。一种品牌的知名度越高，知道这种品牌的人越多，就可以使越多的人免于搜寻和质量考核，其价值就越大。市场竞争越激烈，产品同质化越严重，产品品质越难鉴别，对品牌的需求就越强烈。商标、品牌是重要的产权保护形式，不能有效保护它，交易就会显著萎缩，财富就会大幅减少。

## ↑ 如何让人相信你?

信息是人们决策、行动的依据,于是就会有人通过传递假信息获利。那么,面对真真假假的信息,如何甄别其真伪呢?

男生向女生求爱,女生怎么知道男生是真爱自己,还是只是想骗骗自己的感情?办法就是让男生给自己买礼物。言论没有成本,行为却有代价。没有代价,他可以今天对你说"我爱你",明天又对她说"我爱你"。但假如表白要送礼物,那么不是真爱的话,男生就不会说爱女生了。为什么求婚要送戒指、结婚要送彩礼呢?也是为了让他付出代价。

总之,不要轻信一个人说了什么,而要看他做了什么。

世界各地每天都在发生各种事件,媒体的报道彼此矛盾,而我们又没有能力实地考察,那么相信谁说的呢?道理一样,谁说谎的成本高,我们就相信谁说的。

据张五常教授讲,他和他太太逛古玩市场时看到一个古玩，他认为是真品，他太太认为是赝品。他认为是真品的理由是：仿制的成本都超过了卖价，杀人的事情有人干，赔本的生意没人做。他于是跟他太太打赌：如果是假的，第二天市场上必定会出现同样的古玩；如果第二天市场上没有出现同样的古玩，那么就说明是真品。第二天他们再去逛，果然没有同样的古玩了。

回到国有资产转让的话题，有人说贱卖了，有人说没有，信谁呢？谁都不可信，因为他们无论说什么都没有代价。让说法变得可信的办法也是加进成本约束。你说贱卖了，那好，加一点钱卖给你；你说没有贱卖，那好，按同样的价钱，你卖给我。这个要求可能苛刻了一些，但可以从中得出结论：只要采用公开拍卖的方式，那么无论卖多少钱，都是公允的。

张五常教授有时会对向他索要书法的"粉丝"问一个问题：他的书法怎么样。如果你说好，他又会问你值多少钱。有人会讨好地说出一个高价，他立即同意按这一价格卖给他。张教授出售过少量书法作品，其用意在于获悉对于其书法的可信评价。买者比索要者的评价更可信，因为有成本约束。

为什么私有产权重要？因为花自己的钱，必定物有所值才会买；卖自己的东西，能卖高价断不会卖低价。而如果花别人的钱，卖别人的东西，那么就可能出现高价买、低价卖的情况，价格信号就失真了。仅仅资产是不是贱卖了、物资是不是

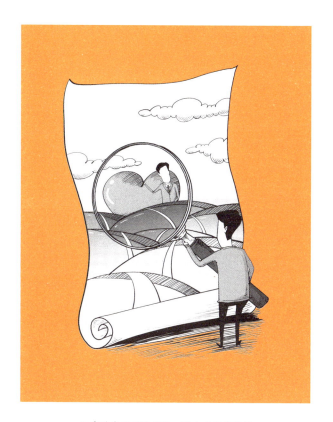

只有付出必要的代价，别人才会相信你

高价采购的，就会引发社会的撕裂。

产品质量怎样，企业清楚，消费者并不清楚。怎么让消费者相信自己的产品质量过硬呢？那就是提高自己说谎的成本，如承诺保修 6 年，或者不满意退货。格力敢于承诺保修 6 年，产品质量必定是过硬的。董明珠小姐是位比较有争议的人物，比如她说砸 500 亿元不信生产不出芯片，引来很多人的嘲笑。但说真心话，在非行政垄断的空调行业，能把国企做成世界老大，董明珠是有巨大功劳的，这不能不让人佩服。

《水浒传》是一部家喻户晓的古代小说，里面有个叫豹子头林冲的禁军教头，因为家庭冤屈，一把火烧了草料场后跑上梁山。那天白衣秀士王伦见他来投，说："若要入伙，需交投名状。"林冲本来以为就是填个应聘表格之类的，不料这投名状竟是让他下山杀人，不杀人不足以表明忠心，不交投名状就是暗藏二心。为示忠诚，林冲下山与杨志杀得天昏地暗，幸好碰到了晁盖，才免得血溅五步。后来，在继任大哥宋江的带领下，梁山众兄弟接受朝廷招安，为向朝廷表忠心就与方腊激战，整体交了一个很大很大的投名状。

从经济学的角度看，投名状起到的正是提高自己违约和背叛的成本的作用。

在生活中，人们千方百计降低成本。殊不知，假如没有成本，世界未必就更好。没有成本，女生怎么知道男生是否真爱自己？没有成本，消费者怎么知道企业的宣传是否真实？

极端地说，没有成本，人们做事就不会认真，对什么都不会珍惜，因为总可以没有代价地从头再来。作为个人，我们都希望能够长生不老，但如果人人都长生不老的话，那么我们完全可以胡作非为，因为大不了从头再来。死亡是一个残酷的现实，但也是一种纪律。

这也是为什么即使是社会活动人士，也要为其崇高事业付出一定代价的缘故。假如无须成本就能实现，那么经济社会就会缺少稳定性。只有需要付出必要的代价，才会促使每个人认真检查自己所追求的事业是不是真的崇高，值不值得为之付出。当然，也不能让人们付出的代价太大，否则社会就不能进步。

## ↑↑ 定价的核心是信息

有一种说法：商品价格取决于其生产成本。这显然是不对的。难道捡来的钻石就会便宜卖掉吗？只要消费者愿意出高价，即便生产成本低，也应该卖高价。反过来，高成本生产出来的东西，就一定能高价卖出去？假如真是这样的话，企业哪有激励去降低成本，又怎么可能亏损破产呢？

产品定价的核心是弄清消费者的支付意愿，然后差别定价，对高支付意愿者收取高价，对低支付意愿者收取低价。在经济学上，这就叫价格歧视。价格歧视能使销售收入最大化。

设想，有张三、李四、王五三个人，分别愿意花 3000 元、2000 元、1000 元购买手机。注意，每个人都不会以高出自己支付意愿的价钱来购买。的确，根据消费者的支付意愿定价，卖张三 3000 元，卖李四 2000 元，卖王五 1000 元，可以获得 6000 元的最高销售收入。

医生看病的时候会询问患者的职业、家庭住址和医保范围等信息，这些信息对了解患者的健康非常有用，对衡量患者的支付能力和支付意愿也同样有用。于是，医生就可以同病不同治疗，收取不同的费用。

一些 4S 店的销售人员，会在与顾客的长时间互动中获得顾客的愿付价格信息，然后通过在固定价格基础上提供不同的折扣、赠送不同价值的礼品等形式，实现价格歧视。你去商场买衣服，虽然明码标价，但有的可以还价，这也是对不同消费者收取不同价格的价格歧视。

在学生入学前，大学难以知道学生的支付能力，那么怎么确定学费标准呢？有两种收费策略，一种是偏低一点，好处是不会失去那些支付能力低的学生，坏处是有学生本来愿意出高价，可是学校收了低价；另一种是偏高一点，好处和坏处正好与收费偏低的情况相反。由于入学后学校可以了解到学生的家庭状况、支付能力，于是大学就可以收取偏高一点的学费，同时承诺提供奖学金、贷款补贴、勤工俭学等机会。这样，大学既向那些支付意愿高的学生收取了高学费，又没有因此而失去支付意愿低的学生。

当然，实践中无法完全像这样来定价，因为很难知道每个消费者的真实支付意愿。替代的办法就是将支付意愿相近的人分成一组，按组定价。

假设还有甲、乙、丙三个人，分别愿意花 6000 元、5000

元、4000 元购买手机。如果整个市场统一定价，价格为 4000
元时能获得 12000 元的最高收入。但如果对甲、乙、丙定
价 4000 元，对张三、李四、王五定价 2000 元，就可以获得
16000 元的收入。

可见，分组定价的确能比统一定价创造更高的收入。这
个道理不难理解，假如能将组无限细分下去，那么就等价于对
每个消费者收取不同的价格。前者按每个消费者的支付意愿区
别定价，叫完全价格歧视。后者无法识别每个消费者的支付意
愿，按组区别定价，叫不完全价格歧视。

想知道每个消费者的支付意愿很难，但是有很多办法可
以协助厂商对消费者分组，实施差别定价。

厂商可以根据地域来分组，实施差别定价。亚洲版《华
尔街日报》在中国香港、新加坡和日本东京每天同步发行。在
这三个城市中，报纸的定价差异很大。2006 年 5 月，该报在
香港的年定价为 348 美元，在新加坡的年定价为 331 美元，在
东京的年定价为 845 美元。但是，要确定网络用户的地理位置
很难，因此该报网络版在这三个城市的年定价都是 99 美元。

商家还可以根据消费者群体来分组，实施差别定价。例
如，微软的 Windows10 有学生版、家庭版、专业版、终极版，
它们针对的是不同的人群，定价差异很大。又如，电影院对学
生、老人和一般成年人的票价也有很大差异，通常会给前两类

人打折。再如，航空公司经常对经济舱打折，但是很少有对商务舱打折的。

根据购买数量来差别定价也是一种分组定价，只是这里是对物而非对人进行分组。例如，一些卖饮料的商家就采取第二杯半价的策略。由于边际效用是递减的，假如不采用这样的策略，那么喝了第一杯的人可能就不再买第二杯了；而采取这样的策略，一些喝了第一杯的人就可能继续买第二杯。这样，商家既对第一杯收取了高价，又没有失去赚第二杯的钱的机会。又如，希凯弗里曼是一家生产高质量职业装和男装的企业，公司以这样的方式为其高档服装定价：买一套的价格大约为 700 美元，买第二套的价格大约为 600 美元，如果消费者购买两套以上的服装，折扣会更多。买得多，折扣就多，这几乎是通行的做法。

在同一时间、同一地点，对同一产品向不同消费者收取不同的售价，对于被收取高价的人来说，感受总是不好的。因此，要成功实施价格歧视，就需要将消费者隔离开来。

但很多场合并不存在隔离消费者的自然条件，这时，商家可以人为创造条件把消费者隔开。例如，手机厂商不停地推出新款手机。新款手机与旧款手机在功能上并没有太大的区别，但是新旧两款手机的价格差别巨大。这样，支付意愿高的人会去买新款手机，支付意愿低的人就可以买旧款手机。又如，汽车厂商会生产高配、低配等不同配置的汽车。高配车与低配车在功能上同样没有太大差别，然而价格却显著不同。背后的道理是一样的。

电信企业也要搞价格歧视，办法自然也是分组差别定价。可是电信企业几乎没有办法主动去分组，于是它就设计出不同的套餐，有的通话时间长一点，有的流量多一点，有的贵一些，有的便宜一些，让消费者自己选择。因此，套餐是一种由消费者自由选择的分组差别定价。

总而言之，产品定价的核心是弄清消费者的支付意愿以及如何弄清的问题，这是一个信息问题。

## ↑↑ 浪费多因信息少

有段时间，浪费一词成了高频词。甚至有经济学家建议，立法杜绝浪费。

普通人讲浪费，我无话可说。经济学家讲浪费，我想说：你的经济学是体育老师教的吗？

弗里德曼说："追问企业是否实现了成本最小化，这是一个愚蠢的问题，因为我们假定企业追求利润最大化，本身就意味着成本必然最小化。"

斯蒂格勒讲："除非有人准备开辟非最优化理论的先河，否则浪费就不会成为一个有价值的经济学概念。正确的经济学没有浪费这个词，浪费概念是经济学分析中的一个错误。"

浪费就是有成本没有收益。试想：有成本没有收益的事情，正常人会干吗？所以，只要经济学假定人人追求约束下的利益最大化，那么就只有不懂经济学的人才会讲浪费。

很多看起来是浪费的行为，深究下去其实并不是浪费，相反，不这样做才是浪费。

有一次，中午我到一家快餐店吃午饭，多拿了饭菜，结果剩下半个地瓜。这难道不是浪费吗？为什么不是不够吃了再去拿呢？因为拿菜要排队，缴费也要排队，排队的时间价值远远超过了这半个没有吃完的地瓜的价值。所以，我少拿一点才是浪费，多拿剩下半个地瓜反而是节约。

请客吃饭的时候，一般都会剩菜。这也不是浪费。因为你无法事前问客人：你吃多少，我好点菜。假如事前能够准确知道客人吃多少，那么是不会出现剩菜这种事情的。

有时候我们就连自己吃多少都不知道：以为能吃一碗，结果吃了半碗就不想吃了。这时候叫浪费吗？不叫。父辈们经常教导我们，不要剩饭，加把劲吃下去。但这样是不是就节约了呢？不是，勉强吃下去对身体并不好，有时对身体造成的伤害远远超过所谓的节约。

细想想，你在请客人吃饭之前，要不要认真盘算：客人是什么身份，总共有多少人，打算花多少钱，什么样的餐馆合适……如此精打细算，怎么可能与浪费沾得上边呢？

花自己的钱，没有人会浪费。你们信不信，尽管马云富甲天下，也断不会每顿10个菜，每个菜只吃两口就完事。恐怕他也是每顿就三两个菜，绝大多数时候，也不会剩菜剩饭。

看到有剩饭剩菜现象，就认为存在浪费，是只看见表象。

看到有剩饭剩菜现象，就要求管制，则是不分愿望与结果。

你可以规定 n 个人只能点 n+1 个菜，那样菜量就会加大。餐馆会调整菜品标准，菜单也要重新定制。这样做真的起到避免浪费的作用了吗？东北有一个菜叫做一锅出，一个菜抵四个菜。餐馆都这样，你的 n 个人只能点 n+1 个菜就名存实亡，根本达不到你宣称的效果。

你也可以规定剩菜必须打包，但其实有的菜并不适合打包。我曾把剩菜都打包回家，然而第二天发现，有些菜太难吃了，只好扔掉，反而浪费了打包盒。

千万别什么事都用法规去强制。执法有成本，执法者还可能腐败，管制的愿望和管制的实际效果很可能南辕北辙。繁荣不可能是管制出来的，恰恰要靠放松管制来实现。

当然，我不是说生活中就没有浪费这回事了，而是浪费只可能出现在花别人的钱的情况下。一个社会，假如出现了大量铺张浪费的事情，那么一定是因为存在大量公款消费的情况。因此，真正要杜绝铺张浪费，那么就应该限制权力、杜绝"三公"消费，而不是要求私人节约。即便私人选择了浪费，政府也不能干预。这叫私有产权神圣不可侵犯。我们提倡勤俭节约的风尚，但是不能通过政府或者法律强制人们勤俭节约。

有人说，钱是你的，但资源是社会的。此言差矣！钱就是资源的代表。讲这话的人完全不懂私有产权的意义。假如即使人们浪费自己的财富,他人也不能干涉,那么岂不是意味着产权得到了充分保障?于是,人们就敢于投资,物资就会丰裕,社会反而不会有挨饿受冻的人。

我们不能静态地看问题。现在说浪费,主要是担心粮食安全。但要解决这个问题,不能限制大家只能吃几个菜,而要解决供给。今天,美国超市里的猪肉便宜到 1 美元一磅,美国的农民眼巴巴地盼着我们去购买他们的农产品;今天,农业生产已经可以摆脱自然条件的束缚,日本已经能够在 10 米深的地下管网工业化生产粮食。如果出现吃饭困难,那一定不是粮食本身的问题,而是我们的社会供给出了问题,人们的生产积极性被破坏了。

对于匮乏,管制永远解决不了问题,而且,在这个过程中投入的大量人力物力,本来可以投入到财富创造中,现在却只会消灭财富产生的机会和路径。所以,管制才是真正的浪费。

## 谁强谁弱非分明

要想成为加盟店，首先要向总店交一笔加盟费，然后根据总店的明确要求，租店铺、装修、购买设备、培训员工、进原料、生产、提供服务……每一个细节都必须按标准做到位。这还不够，任何时候，只要总店不满意，就可以终止合同，甚至连理由都不公布。那么，这是否意味着总店强、加盟店弱呢？

在劳资关系中，一般来说资本方拥有雇佣和解雇劳动方的权利，这是资本方强、劳动方弱吗？

似乎是这样的。不过经济学告诉我们：事物的背后逻辑往往和表面看到的并不一致。

在"连锁经营的灵魂"一节中，我已经讲过：连锁经营的灵魂是标准化，核心是解决信息问题、信任问题。像麦当劳、肯德基这样的国际快餐连锁店，它的核心价值并不在于提供的食品质量好，也不在于价格低。质量和价格相匹配，

加盟店是强者还是弱者？

质量好就卖高价，质量差就卖低价，各得其所，分别适合不同的消费者。麦当劳、肯德基的核心价值在于向顾客提供均质的食品，即其食品的味道、品质、烹调方式，在世界任何一个角落都是完全一样的，从而节约了顾客的搜寻成本。可是信息不对称，总部又没有办法时时刻刻监督加盟店，如果有加盟店为了节省成本，在品质管理上打擦边球，导致食品的口味发生了变化，那么当顾客走进这家加盟店，吃到不合口味的食品时，他不会怪这家加盟店，而只会怪这个品牌，从而让所有门店都受损。

加盟店随随便便就能把总店的牌子砸了，因此它们才是真正的强者。总店战战兢兢，如履薄冰，要监督成千上万家加盟店日常经营的每个细节，而这是近乎不可能完成的艰巨任务，因此总店才是真正的弱者。正因如此，总店才要对加盟店做出种种看上去很不公正的约束：任何时候，只要总店不满意，总店就有权终止合同。这种表面上的不公平，实际上是用来修正隐含的、事实上的另一种不公平，最终产生的恰恰是公平，否则这个模式不可能长期存在。

在资本和劳动的合作过程中，资本方拥有雇佣和解雇劳动方的权利，看起来，资本方强，劳动方弱。但真的是这样吗？要知道，劳动是主动资产，带在身上，高兴了多出一点力，不高兴了少出一点力，实在不满意还可以选择离开，而资本是被动资产，一旦投入就难以收回，如果工人不好好干活，老板就会血本无归。资本更容易受到劳动的伤害，更脆弱，它才是弱者。

必须优先保护容易受到伤害的资本一方，否则以后谁还愿意投资生产呢？没有人投资生产了，损害的不只是资本方的利益，因此失去了就业机会，劳动者的利益也会受损。保护的办法就是资本雇佣劳动，让资本方拥有雇佣和解雇的生杀大权。

事情完全不像表面看到的那样。别看老板拥有雇佣和解雇的生杀大权，似乎很强势，实际上雇员是强者，老板是弱者。资本雇佣劳动是一种保护弱势资本方的手段，背后反映的是资本相对劳动弱势的地位。

广泛存在的是资本雇佣劳动，只是因为一般来说这样对劳资双方都好。但这并不是必然的结果，更不是唯一的结果。例如，律师和会计的重要性相当，彼此都容易受到对方伤害，于是就会选择合伙人制度。会计师事务所、律师事务所都是合伙人制度。而如果和资本相比较，劳动更难以监督，更容易受到伤害，就会让劳动方拥有雇佣和解雇的权利。也就是说，会出现劳动雇佣资本的情况。今天网红经济很热，一般来说，围绕网红产生的公司是网红在当老板。

**雇佣与被雇佣的关系，完全是双方自由选择的结果，因**

**而必定对双方都好**。可以一时损害某一方的利益，但不可能长期只对一方好而对另一方不好。事实上，对容易受到伤害的弱势方提供特殊保护，不仅限于劳资关系中，而是存在于我们生活中的方方面面。

到饭店吃饭，你是弱者，还是饭店是弱者？你是弱者，因为如果老板不同意，你少给饭店一分钱都不行，但是饭店给你的量少一点，或者食材差一些，你可能无法发现。

那怎么办呢？办法是，强调顾客是上帝。"顾客是上帝"并不意味着顾客就高人一等，恰恰是对弱势方的一种保护，目的是促进交易，保护的是交易双方的利益。

经济学不从表象来观察事物。在经济学的视角下，谁拥有的信息多，谁就是强者，谁拥有的信息少，谁就是弱者。在经济学中，拥有信息多的人是代理人，拥有信息少的人是委托人，因此代理人是强者，委托人是弱者。一般来说，对弱者提供特殊保护，体现的恰恰是公平，有利于保护双方的利益。当我们看到一种合约似乎不公平，但却持久、广泛地存在时，我们先不要报怨、不要指责，而要想想为什么，去了解它背后的原因。背后的原因是：合同表面看上去是不公平的，但它的目的很可能是要去纠正现实社会中的另一种不公平。

## ↑↑只有欺骗才是假

谈信息，盗版、假货是不容忽略的话题。

几年前我就发现自己的书被人盗版。猜猜我是什么心态？

盗版当然会影响我的版税收入，但在移动互联网的今天，手机上每天的免费信息、免费课程都读不完、学不完，想通过卖书赚钱显然选错了路，何况还是小众的经济学书。书被盗版，我窃喜，这是市场对我的书的内容质量的肯定。被盗版的书，一般来说质量（非印刷质量）都不会太差。

张五常教授曾经指出："有关艺术品收藏的准则有很多，然而大多不靠谱。但如果见到某位艺术家的作品开始有不少假冒之作时，下注真货，一般会有不错的回报。作品被人假冒，反映的是该艺术家有庞大的市场需求。"这再次说明，盗版的确有帮助质量界定的功能。

消费者喜欢盗版、喜欢假货吗？当然喜欢，他们害怕的只是错把假货当真货买，有真货、假货两种选择，显然比只有真货的市场更可取。假货大量存在，正是消费者喜欢的结果。

虽然假货往往可以乱真，但是对于名牌产品来说，顾客并不容易上当受骗。首先，真名牌和假名牌售卖的地方不一样。真名牌一般在高档商店售卖，假名牌一般在小商品市场或者地摊上售卖。其次，两者开价一般也相去甚远。数万元一只的名牌手表，假货一般仅几百元，顺口压一下价格可减半，大压可减 2/3。手表如是，皮包如是，成衣等也都如是。

在张教授看来，假名牌的出现其实是有利于真名牌的，等于为真名牌做免费广告。那些只出得起钱购买假货的人，根本不会问津真货，但有朝一日收入多了，要买真货来过下瘾是很自然的事。不知他人如何，反正张五常教授的这个结论至少在我身上是得到了验证的。因此，假名牌泛滥，真名牌销量必定暴增。作为名牌的老板，若问他们应不应该打假，他们多半会言不由衷地说应该，但实际上，不出声、不参与打假行动，是名牌老板们的默许做法。

对于价格不高的一般商品，像影碟、唱片、书籍之类，假货为害真货一般没有疑问，但这也主要是对真货的生产者而言的。对于消费者来说，你若问卖家是否为真货，卖家一般不会隐瞒。不信你到拼多多上花 10 多元拼一本《麻辣烫经济学:

经济学通识二十一讲》，并询问卖家是否为正版，卖家必定如实相告，是影印本。10多元，你应该预期是影印本。市场竞争会保护消费者。如今，市场已经成熟到不满意无条件退货了，商家哪敢轻易欺骗消费者。

其实，什么叫假并不是一般所认为的那么简单。拿炒得沸沸扬扬的海天酱油事件来说，可不可以加食品添加剂，可不可以做勾兑酱油？可以，只要明确标注就行。只要不欺骗，所有的商品都是真货，无非是品质不同罢了。所谓假，是个信息问题，跟商品本身没有关系。

实际上，没有防腐剂，食品就很难保存，就会霉变，霉菌对人的伤害可能比防腐剂还大。农药对人的伤害大吧，但如果没有农药，粮食产量就会大幅减少，很多人会因此而吃不饱饭，人均寿命跟本不可能达到今天的水平。

纯固态酿造无添加酱油好不好？当然好，但也贵啊。如果真的发酵180天，恐怕得几百元一瓶，不可能人人都买得起。那些买不起纯固态酿造无添加酱油的人，能买到勾兑酱油，总比没有酱油吃好。有人迷恋传统古法酿造，但你要是真见过农村做大酱的过程，恐怕再也不会吃酱油了，长霉是常有的事。小时候我们吃的醋，表面就总是飘着一层白白的东西，那其实就是一种霉菌。酱油要好些，因为里面加的盐多。但盐吃多了对身体也有害，总体上人们对钠的摄入量已经超标了。

当然，不是说就没有问题食品了，而是我们要懂得问题食品产生的根源。或者因为收入低，人们买不起高档食品；或者因为产权没有保障，厂家没有长远考虑，不在意自己的品牌；或者因为法治不完善，受害人维权难。发展经济、提高收入，低档商品自然就不会被人需要。保护产权（含不限制竞争）、推行法治，就没有人欺骗，也不敢欺骗。那么，要不要制定产品标准呢？行业协会自己定是可以的，此外不需要其他的标准。不要只看到消费者担心企业欺骗自己，还要看到，企业也担心消费者不买自己的产品啊！

我不赞成利用行政权力打假。正确的打假办法是，让受害者通过法律来维权。法律和行政权力有很大的不同：法律是被动权力，所谓民不告法不究，这使得这种打假方式有弹性；而行政权力是主动权力，要么一刀切，不需要打的假也被打了，要么执法者选择性执法，不能真正打假。

"纵观地球的经济演进，假货的盛行永远是在人口密度高的国家发展有点看头时出现，无可避免……当我见到一个贫困的落后之邦产出的假货来得有头有势时，会替他们高兴。因为这代表着该国的经济有前途，比政府公布的任何数字都来得可靠。衡量一个落后国家的工业发展，最迅速而又可靠的判断是到该国的假货市场考察一下。"我对张教授的洞察力是深信不疑的。记得当年人人都说中国的统计数据是假的，他却说：数据可以作假，垃圾没有人作假，你看这满地的垃圾，说明中国的 GDP 不是高估了，而是低估了。后来的事实证实了他的判断。

第二章

# 信息产业探秘

## 是整合不是捆绑

传统上认为捆绑销售就是强制搭售，是垄断者滥用市场支配地位的一种做法。通过捆绑，把垄断地位从一种产品扩展到另外一种产品上，逼着消费者多买一点别的产品，以此从两个方面获利：其一，可以让自己多挣钱；其二，可以培育自己在另外一种产品上的竞争力。

可是，垄断者同样面对向下倾斜的需求曲线，他只能在高价少卖和低价多卖之间做选择，而不可能为所欲为。任何二次收费的做法，都只能是搬起石头砸自己的脚。更何况，如果真的能够收高价，垄断者直接收就好了，用不着费劲去捆绑别的产品。

薛兆丰讲得好："果真通过捆绑能增加利润，那么畅销书的作者为什么不一页纸印一个字，卖故事的同时，也赚点卖纸张的钱呢？垄断者的利润最大化策略，不是去接管相关产品市场，而是去促进其他厂商之间的竞争。互补品的成本越低，垄断者在自己的产品上赚得就越多。正因为这样，微软自己不生产计算机，却鼓励戴尔、惠普、索尼、联想和其他厂商激烈竞争。"

通过捆绑来培育自己在另一种产品上的竞争力同样不成立。如果被捆绑的产品本身性能不好，等于是无端提高了垄断产品的售价。而且，这也没有得到经验事实的支持。

微软虽然在操作系统市场上占据优势，却未必能将这个优势嫁接到其他产品上。Windows 95 曾经附带了一个特别难用的传真程序，结果大多数用户就另行安装其他传真软件。

微信在中国人的日常社交即时通信软件中的占比接近100%，处于绝对垄断的地位。可是，微信自己搞拍拍网电商，不是死得很惨吗？微信自己搞微视，现在基本上消失不见，说好的十亿客户引流微视，怎么就干不过抖音、快手呢？微信公众号文章系统有强大的微信客户作为基础，怎么就被一个没有任何客户基础的头条给超越了呢？视频号追了几年了，但追上抖音了吗？微信上怎么没有长出来一个美团呢？微信上怎么没有长出来一个滴滴呢？

生活中的确有成功的捆绑，但捆绑的目的不是扩展垄断地位，而是提高效率。换言之，只有 1+1 ＞ 2，才可能捆绑成功，断没有随便捆绑就能成功的。

IBM 早年出租计算机的时候，要求顾客使用专用的数据输

如果捆绑能增加利润，微信上怎么没有长出一个美团呢

入纸卡。这是捆绑，然而这样做不过是为了节约度量计算机使用频率的成本，并不是要延伸垄断力量。

1998 年，美国政府起诉微软在操作系统中捆绑了互联网浏览器，然而今天再来看，不提供互联网浏览器的操作系统倒是个假冒伪劣商品。事实是，微软之所以能够成功捆绑浏览器，并非是借助操作系统的市场优势，而是其浏览器本身就是好产品。当时的用户在装完操作系统之后，还得再向第三方购买许多驱动程序才能把电脑用起来。这些第三方的驱动程序，今天大多数人听都没有听说过。所有这些驱动程序加起来的价值超过 400 美元，而今天这些驱动程序全部被整合到操作系统之中了，你买一个新版操作系统，比如 Windows10，哪怕是最贵的，在街上单买的价格也只不过是 199 美元而已。因此，这不是捆绑，而完全是整合。这样不仅替消费者节省了安装时间，节省了金钱，还极大地增加了软件之间的兼容性。

最近，以 Nextcloud 为首的多家公司又以微软将 OneDrive 捆绑到 Windows 系统的行为涉嫌垄断为由，向欧盟和德国的监管机构提出投诉。时隔二十多年，还是那熟悉的"配方"。

OneDrive 是同步盘。什么是同步盘呢？从属性上看，它的性质有点类似于网盘，但又存在着很多不同。对于网盘来讲，人们需要把文件编辑好，再保存上传到云端。上传了文件之后，云端和本地的文件就是彼此独立的，对本地文件的修改不会对云端的文件产生影响。而同步盘则可以实现本地和云端的同步操作，本地对文件的修改也会立即反应在云端。

一方面，同步盘可以有效解决文件因没有保存而意外丢失的问题。直接在同步盘中编辑文件，所有的修改就已经存在云端了，即使意外死机也不用害怕。另一方面，同步盘还可以有效地实现协同办公。有些文件需要很多人交叉修改，现在的同步盘几乎已经可以同时支持 PC、笔记本、手机等多种终端，这意味着大家可以随时随地直接在云端修改文件，从而避免很多无谓的文件往复，大幅提升生产力。

严格来讲，世界上不仅没有不垄断的企业，也没有不捆绑的产品。如果顾客要支付商品的每一个附件和组成部分，而不是支付一个完整的最终产品，那么费用常常高得吓人。捆绑的目的只能是整合资源，提高效率，不可能是扩展垄断地位。微软不可能靠捆绑增加利润，任何其他企业也都不可能靠捆绑增加利润。捆绑销售能增加利润完全是错误的认识。

## ↑↑ 羊毛出在猪身上?

腾讯 2021 财年的全部利润为 2248.2 亿元。如果你是马化腾,下属给你提交了一个微信收取 100 元年费,一年就能多赚 1000 亿元的方案,你要不要用?

这个费用并不高,你一年的电话费不也得几百元甚至上千元吗?微信可以让你打视频电话,可以玩群,还可以开视频号,有一大堆的功能,一年只交 100 元而已。而为了使你免费使用微信,腾讯至少要配置 5 万—10 万台服务器,需要上万名工程师为其提供日常维护,还需要巨额的带宽资源,年度费用至少是数十亿元甚至百亿元。

那么,马化腾为什么不这么干呢?

这涉及互联网信息产品的特点。微信这样的互联网信息产品具有两大特点:其一,边际成本接近零,就是额外增加一个人使用几乎不增加额外的成本;其二,具有网络效应,即使用的人越多,每个人使用的价值就越大,人们也就越愿意使

羊毛真的出在猪身上吗？

用。像这样的产品，可以选择羊毛出在猪身上的定价方式，即通过免费引流，利用别的商业模式收费。

例如，拥有大量用户之后，微信可以推出支付业务。扫码支付这个便捷的服务当然不是白用的，每一笔通过微信支付进行的交易，都会被直接收取最低千分之二的手续费，大部分行业的商户都会被收取千分之六的手续费。

微信既然拥有10亿的用户群体，加上有微信支付这个便捷的手段，那么一些有实力的电商企业自然不会放过这么巨大的流量，而要想获得这个流量支持，就需要掏钱了。比如，在微信支付的第三方服务页面里，就有12个大型电商平台入驻。这12个位置，说它们个个都是金子做的也不过分。

又如，由于用户平时会沉淀大量零钱，微信还可以推出自己的金融业务。由于它能够通过大数据掌握用户的信用，因而更能确保贷款的质量。事实上，支付宝就通过出售自己掌握的客户信用信息来盈利。在你扫码借充电宝给汽车充电的时候，租赁公司会查你的芝麻信用分，租赁公司每查看一次详细的芝麻信用分就要给支付宝四毛钱。

微信赚钱的方式远不止这些，随着技术进步，还可能产生更多盈利方式。但是要注意，这些并非如某些人所说的，是通过微信免费引流，然后通过对别的商业模式收取高价来牟利。事实上，通过微信引流的别的商业模式并没有比其他地方收费高。例如，微众银行的贷款利率就没有其他地方的高。又如，通过微信第三方平台订机票、酒店也没有比其他地方贵。

那么，微信的收益来自哪里呢？答案是：来自网络效应。

计算机先驱、3Com 公司创始人罗伯特·梅特卡夫提出：网络的价值与系统内部节点之间连接的数量的平方成正比。比方说，一个有 2 台电脑的网络，只有一条连接，价值只有 1，而如果电脑网络节点有 4 台的话，就会产生 6 条连接，那就意味着网络的价值为 $6^2$，提升到原来的 36 倍。如果 10 台的话，这个数字变成了 2025；100 台的话，就变成惊人的 24502500。

这个规律对于微信也是适用的。使用微信的人越多，交易的机会就越成倍增长。假设有 n 个人，即便只考虑两个人之间的交易，也可能产生 $C_n^2$ 个交易机会，而如果把多方交易考虑进来，那么交易机会就会大很多。比如，我通过微信在四个月时间里卖了 4000 多册书，买家都是全国各地素不相识的人。倘若没有微信，我怎么可能和这么多素不相识的人进行交易呢？我卖完书后，收到的钱放入微信钱包，腾讯就可以拿这些钱去做互联网金融。俗话说，"家有千金，不如日进分文"。微信收费是捡蛋，免费却是养鸡。这就是马化腾不采用那位员工的建议的原因。

为了追求网络效应，不惜让人免费使用微信，又怎么可能对引流的产品收取高价呢，那样做岂不是在鼓励用户使用其他渠道，让竞争对手获得网络效应吗？支付宝并不是社交平台，因此在社交功能方面并不具有优势。马云一度想通过支付宝红包的方式将支付宝变成金融社交平台，但没有成功，于是只能专注于做互联网金融。马云虎视眈眈，马化腾怎敢收取高价。

羊毛出在猪身上，对不对？也对，也不对。对的是，微信的确不是通过直接收费来盈利的；不对的是，它不是通过免费引流，然后对引流商业模式收取高价，而是通过网络效应来盈利的。网络效应本身就能创造巨大的价值，这才是互联网平台企业增长迅速、市值巨大的根源。

不只是微信免费，今天 WPS、杀毒软件等都不是直接收费，而是通过广告、云储存等辅助服务来收费。边际成本低、具有网络效应的产品可以考虑羊毛出在猪身上的定价模式。

为什么要边际成本低呢？因为只有边际成本低，才可能低成本获得大量用户。如果又具有网络效用，那么随着用户增加，价值会成倍增加，就大大增加了羊毛出在猪身上的定价模式的可行性。当然，并不是边际成本低又具有网络效应的产品都可以采用这样的定价模式，产品的性质与功能不同，定价的方式也会不同，现实世界是复杂和多样的。

## 大数据杀熟错了吗？

出门在外少不了要订机票、订酒店，而通过各种票务平台办理这些业务已经成为多数人的选择。在此过程中，海量的消费信息也同时被记录下来，这些信息就可能被商家利用。例如，商家可以利用其掌握的信息向一部分消费者收取高价，这就是人们热议的大数据杀熟。

"我和同学打车，路线和车型差不多，可是我的车费比他们的贵五六块。""和女朋友同时通过某 App 订酒店，我的价格比女朋友的高。""选好机票后，取消再选那个票，价格马上涨。""我的消费比较高，我老公的消费比较低，开通不限流量服务的时候，他只要开通 88 元的套餐就可以，我得开通 138 元的才行。"这些都是平台掌握了消费信息后，对不同人收取不同价格的例子。

2021 年 7 月 13 日，首例大数据杀熟案在浙江省绍兴市柯桥区人民法院开庭。原告胡女士一直通过携程 App 订机票和酒店，因此是该平台享受 8.5 折优惠价的钻石贵宾客户，然而携程通过向胡女士高报价格，致使胡女士支付的实际价格比一般客户还要高。为此胡女士状告携程非法收集个人非必要信息，存在价格欺诈，要求退一赔三。法院支持了胡女士的申诉。

那么，到底应该怎样看待大数据杀熟呢？大数据杀熟真的损害消费者的利益了吗？

设想，商家想做一个 App 平台，需要投入 100 元，而使用者中有一位高收入消费者、一位低收入消费者，高收入者最高愿意出 120 元使用，低收入者最高愿意出 60 元使用。

先考虑不杀熟的情况。这意味着实行统一定价，对任何人都卖一样的价格。比如统一定价 80 元，那么只有高收入者使用，总消费者剩余为 40 元，平台利润为 20 元。

现在考虑杀熟的情况。平台的定价策略是，向高收入者收取 100 元，向低收入者收取 30 元。结果是：高低收入者都使用，高收入者获得 20 元剩余，低收入者获得 30 元剩余，总消费者剩余为 50 元，平台获得 30 元利润。

我们看到：通过大数据杀熟，平台增加了 10 元利润，在此过程中，高收入者损失了 20 元，但是低收入者收获了 30 元，消费者的总利益并没有受损，反而增加了 10 元。

高收入者受损，低收入者和平台受益，并且收益超过损失，这样的事情应该反对吗？

更何况，高收入者受损只是和不搞大数据杀熟相比而言的。尽管大数据杀熟，但高收入者仍然是受益的，他还是获得了20元的剩余。假如没有互联网平台，那么这位高收入者就得打车去寻找酒店，这个代价远远超过了所谓的20元损失。

看得见的，是通过大数据分析，知道你是高收入者后向你索要高价；看不见的，是通过大数据分析，在向高收入者索要高价的同时，会向低收入者索要低价，给了低收入者交易的机会。通过大数据杀熟，让低收入者也能参与到经济活动中，这就扩大了交易，繁荣了经济。

大数据杀熟使得经济的总利益增加了20元。那么，这利益是从哪里来的呢？答案是：来自大数据分析。数据分析也是生产力。

其实，平台是不会无限提高价格的。平台想赚钱不假，但是最终要成交才能够赚到钱。例如，假如平台向高收入者的要价高于120元，那么就会失去这个客户，反而是损失。事实上，平台报价是不会高于酒店当天的大堂报价的，否则顾客立即就会发现。

所谓大数据杀熟，其实就是经济学中的价格歧视（区别定价）。价格歧视在传统商业领域也广泛存在。讲价就是一种价格歧视，愿意花时间讲价的价格就低一点，不愿意花时间讲价的价格就高一些。以前公园卖门票，对本国人卖低价，对外国人卖高价；大学生放假回家，只要手持学生证就可以买到半价票；舞厅里只要求男士买票，女士免票……这些都是价格歧视。

只不过，在传统商业领域里，由于不存在边际成本显著递减和网络效应，商家为了留住顾客，往往给老用户优惠。而互联网经济存在显著的边际成本递减和网络效应，为了鼓励更多的人使用，商家往往给新用户特殊的优惠。例如，为了鼓励人们使用其 App，滴滴会给新用户补贴一半的路费。

因此，**大数据杀熟的说法并不准确。准确的说法是，信息有巨大的价值，拥有信息的一方会向缺乏信息的一方攫取信息租金。**事实上，互联网经济中给老顾客优惠也是普遍的做法。例如，在其他条件相同的情况下，积分越多就可以享受更高的折扣或者可以领取更多的礼品。

假如我们不反对传统领域的价格歧视，那么就不应该反对互联网经济中的大数据杀熟。定价权是企业的产权之一，我们可以从此不买其产品，但不能限制企业卖高价。大数据杀熟是正当的商业行为，是变现数据生产力的过程，它可以使经济的蛋糕变得更大。当然，数据的产权该怎么界定，个人隐私该怎么保护，这是个深奥的话题，这里就不展开讲了。

## 套餐定价的逻辑

有段时间，人们对电信商清零用户没有用完的套餐流量有意见，呼吁应该将其转下月。那么，电信商这种做法对吗？

要回答这个问题，我们需要了解电信行业的技术特点。电信需要巨额的前期投入，要建塔基、铺网线，而一旦这些基础设施建成以后，就只有维护等少量投入，用经济学的术语来说，就是边际成本很低。

在考虑电信产品定价的时候，很多人容易陷入巨额前期投入的陷阱。其实，"历史成本"不是成本，已经花出去的钱并不影响现在的行为，当然也不影响产品的定价。在对产品定价的时候，只需考虑消费者的支付意愿即可。如果消费者愿意出高价，那么即便是白捡来的，也要卖高价。如果消费者不愿意出高价，那么即便是高成本生产出来的，也只能卖低价。

假设我对电信的需求函数为 Q=10-p，即：每分钟 9 元，我打 1 分钟；每分钟 8 元，我打 2 分钟……每分钟 1 元，我打 9 分钟。对于电信商来说，最理想的结果是，第一分钟收我 9 元，第二分钟收我 8 元……第 9 分钟收我 1 元。但这几乎不可能，因为电信商无法知道每个人的支付意愿，它只能定一个统一的价格。在此价格下，消费者打多少，算多少。比如每分钟 5 元，这时候我打 5 分钟，企业获得 25 元的最大收入。

假设电信的边际成本为 0 元，那么企业也可以这样定价：假如你每个月打 7 分钟，那么我每分钟收你 4 元。这就是电信商的包月策略：包月 7 元，可以打 7 分钟。在包月策略下，企业的利润为 28 元，比"统一定价，打多少，算多少"增加了 3 元利润。

包月对电信商有利，这一点任何人都不会怀疑。那么，包月对消费者是不是也有利呢？

借助几何图形，简单计算一下就知道：不包月，消费者剩余为 12.5 元；包月，消费者剩余为 17.5 元。包月后，消费者剩余增了 5 元，即消费者也是受益的。商业的奥妙就在于交易双方都会得到改善。事实上，自由交易是不可能使一方受损而另一方得益的。

问题来了：假如我没有打完 7 分钟，应不应该转入下月呢？答案是：不应该。因为那样的话，每分钟就不是 4 元，而是 5 元。事实上，也有不包月的选择。沈阳联通就提供了一种选择，即每个月只需交 5 元的保号费，然后用多少、算多少，但是单价就要高一些，因为不划算，很少人选用。

如果边际成本为 5 元，电信商就不会选择包月制，而会选择"统一定价，打多少，算多少"的定价策略。所以，包月是在低边际成本的情况下，为了鼓励用户多消费而实施的一种营销策略。实际上，在包月制下超过包月的通话时间后还可以打，只是按照每分钟计价，价格相对要高一些。

随着传统电话、短信业务逐步萎缩，数据业务成为拉动收入增长的第一引擎。于是，电信企业又推出套餐定价。同样，套餐内价格便宜一些，超过的部分，价格就要贵一些，假如没有用完套餐，流量也不转入下月。

其实，电信企业的做法并不特殊，类似的还有健身房会员卡、旅游景点的年票等，尽管它们在具体细节上有差异，但都是在边际成本很低的情况下鼓励消费、批量优惠的做法。

边际成本低是选择套餐定价的根本原因。例如，自来水、电也具有初始投入巨大的特点，甚至和电信一样具有网络的结构，但因为边际成本并不低，因此就不采用包月或套餐的模式。

事实上，电信企业并不是一开始就采用包月的定价模式。20 世纪 80 年代，当固定电话刚流行的时候，除了初装费，消费者每月还要缴月租费，然后再按通话时间收费。90 年代手机刚流行的时候，也是要在每月交一笔固定月租费的基础上，再按照通话时间收费。

很多人把初装费、月租费解释为是对固定投入的回收。这显然犯了历史成本决定价格的错误。正确的解释是：以前电信网络小，带宽不够用，固定电话或者手机，即使在没有使用时也占用了宝贵的号码和系统资源，而这些资源你若不用，别人也会用；现在网络足够大，带宽有闲置，你不用，也没有别人用，因此就取消月租费了。为什么电话号码还要收月租费（保号费）呢？因为电话号码仍然稀缺，你不用，别人会用。经济学说，所有的收入都是放弃的代价，道理就在这里。

同样的企业，为什么前期按照"统一定价，打多少，算多少"收费，后期则实行包月策略呢？因为在前期，资源不够用，多一个人用，需要增加基础设施，增加额外的费用——边际成本高，鼓励多消费并不能带来额外的好处。后期，基础设施已经充分建立起来了，多一个人用，不再需要新的投入，基本上不增加额外的费用——边际成本低，鼓励消费者多用能够增加企业的利润。

巨额的固定投入对定价有没有影响？当然有，但影响的方式是这样的：因为固定投入巨大，供给一时难以满足所有人的需要，所以即便用户不使用固定电话或者手机，也要交固定的月租费。

## ⬆️ 这不是恶性竞争

2022年9月21日，拼多多正式开展100亿元补贴活动。淘宝也在大搞满减活动，3.7—3.9天猫女王节、双十一节、双十二购物狂欢节……几乎每个月都有优惠活动。

互联网企业的价格战并不鲜见。早在2013年，京东和苏宁就上演过一场高调的价格战，引起了监管部门的注意，好在最终被监管部门认定为"不属于恶性竞争"，原因在于二者"无论怎样竞争，都达不到垄断支配地位"，并且"仍有利可图，不属于低于成本倾销"。

同样是在2013年，两家打车软件公司"快的打车"与"嘀嘀打车"，分别在司机端和乘客端进行双重补贴，耗费资金以十亿元计，使其覆盖城市从十多个迅速扩展到数百个。有人说，两家公司联手动用巨资争夺用户，排斥了其他打车软件开发商的进入，涉嫌不正当竞争。

那么，到底应该怎样看待互联网企业的价格战甚至倒贴

打车软件公司倒贴消费者的行为，并不属于恶性竞争

消费者的行为呢？

互联网平台具有显著的网络效应。所谓网络效应，就是产品对单个用户而言的价值，是随着其用户总数的增加而提高的。例如，只有一个人装电话是没有意义的，装电话的人越多，就越值得装。又如，一种语言，说的人越多，就越值得说，假如只有几个人会说，那么这个语言就不值得说了，必定会失传。再如，电脑操作系统使用的人越多，就越值得用。

其实，网络效应并非互联网平台独有，只是在互联网平台上表现得更显著罢了。例如，出租车市场就具有一定的网络效应。打车的人太少，并不利于打车的人，因为这意味着出租车也少，等待的时间会长。但是，因为一个城市能够容纳的出租车数量有限，当打车的人多到一定程度，又不利于其他人打车了。互联网平台不一样，从理论上讲，一个 App 可以允许无限多的人同时使用。

由于网络越大，其价值也越高，参与其中的用户就越不愿意离开，因此，当一个更先进的将会带来更高价值的新平台出现时，用户就会由于被旧的落后的系统锁定，而无法一齐迁移到新的平台上，从而造成效率损失。

张五常教授说过，因为对细节下过功夫，盲拳可以打死老师傅。做经济分析，必须了解细节。可是，我不敢肯定拼多多是否真拿出了 100 亿元搞补贴，我也无从知道淘宝网有没有在活动的前夜提过价，因此就以网约车为例来做分析，因为我更熟悉网约车。

网约车比出租车更有效率，可是出租车已经形成了自己的生态系统，而网约车从零开始。当网约车很少的时候，其带给人们的效用并不高，于是人们就可能继续选择打出租车。

一些人把这种由于路径依赖而出现低效率陷阱的情况称为市场失灵。但也有经济学家指出，假如真的出现了这样的情况，那么应该是网约车平台没有真正的主人，因此这不是市场失灵，而是市场缺失，因为科斯定理讲得清清楚楚：清晰的权利界定是市场和市价的前提条件。

如果网约车平台是有主资产，那么其主人就会设法先垫支部分未来收入，补贴网约车的早期用户，从而推动网约车尽快达到超越出租车的盈利规模。在这个过程中，拥有平台产权，形成动力，努力预测未来收益，筹资补贴先到用户，从而扩大网络规模、提高网络价值，恰恰是市场挣脱因为路径依赖而出现低效率陷阱的关键步骤，而不是什么恶性竞争。

诚如薛兆丰老师所言："嘀嘀打车"和"快的打车"两家公司补贴用户的行为是完全合理的；不论出租车司机还是乘客，都不希望出现几十家打车软件在市场上并存、用户不得不在它们之间频繁切换的局面；打车软件公司在短期内出资引诱顾客加入的做法，不仅体现了这个新兴产业内部的激烈竞争，而且激励了市场提前正确选择较优的打车平台。

花自己的钱，哪有什么恶性竞争？一旦预期收入不能弥补补贴的费用，或者有别的更好的选择，补贴战立即就会停止。后来，"嘀嘀打车"就将"快的打车"并购了。所以，担心恶性竞争，纯粹是吃自家饭、操他人心。

有人说，像这样被对手并购还好，很多共享单车企业在激烈的竞争中直接倒下了，如果一开始就不搞这种价格战该有多好。但谁也不是神仙，怎么可能预知前途命运。不经过激烈的竞争，怎么知道哪个企业更有发展前途？不经过激烈的竞争，谁愿意被人兼并？这就是正常的市场过程。

当然，这并不是说世界上就没有恶性竞争这回事。如果花别人的钱，也有可能出现恶性竞争。众所周知，某些行业一再出现产能过剩的现象。为什么？因为产权不清，企业管理者就愿意多采购、搞投资，在此过程中可以吃到回扣、捞到油水，至于因过度投资而给企业带来的损失，则由大家分担。这就是软预算约束。关于这个话题，匈牙利经济学家科尔奈有过分析。

## 没有这种商业模式

最近这十年，我们经常听到一些商业大师讲：先免费获取流量，把市场做大，然后再进入收获期，这就是这个时代最牛的商业模式。他们认定，通过前期亏损占领市场，完成垄断后，就可以上调价格，赚取利润。

这个商业模型是否可行？很多人会说，当然可行，你看滴滴不就是这么做的吗？滴滴曾在与快车合并并击败 Uber 后，占据了绝大部分的市场份额。为了达到市场份额的极大化，滴滴前后花了 1000 多亿元，它的融资金额超过了 200 亿美元。

但为什么没有人用这种商业模式来开网吧呢？如果这是对的，任何一个行业都可以这么干呀，为什么我们却看不到呢？这个时候有人会说，网吧之所以不可行，是因为它们的边际成本高。

什么叫边际成本呢？就是你为了新增的客户而要付出的成本。比如，网吧要有更多的客户量，就得租更大的店面，要买更多的机器，要投入更多的装修，管理人员也要增加。

而互联网企业就不一样了，它的边际成本几乎为零。比如滴滴，其本质就是一个 App，一个软件而已。它是网约车司机与乘客之间的需求对接工具。网约车司机不断增加，乘客不断增加，滴滴要付出的成本是什么？增加服务器就可以了。因为新增一台服务器就能多服务几十万人，并且大部分交易是在网上自动完成的，因此其边际成本很低。滴滴这样一个线上中介，与传统的线下中介不一样：线下中介要增加交易量，得不停地开门店招人，边际成本很高。

这些人的观点是，因为互联网行业特殊，所以对互联网企业来说，这种模式是可行的，它只需打败所有的人，然后就可以提价赚钱了。对此，古原老师站在滴滴老板的角度做了一个商业策划。

滴滴的收入来源于撮合交易后的中介费，具体体现在收取司机收入的 20%—30%，实际上你也可以这么理解，顾客和司机各支付了 10%—15% 的中介费。如果要提价，有两个方案：第一，将价格提高；第二，将中介费提高。

我们先假设市场上没有曹操出行、美团出行这一类的竞争对手，而只有它一家，看看这种方案是否具有操作性。

原来打车 10 公里，需要 50 元，现在将其价格调整为 100 元。根据价格上升、需求量减少的原理，打车的客户数量势必减少，我们假设减少了 50%，原来一天 2000 万单，现在减少到 1000 万单。同时，市场上有 100 万司机，原来他们一天可以有 20 单，现在就只有 10 单了。如果一单的价格是 20 元，那么司机一天的收入就从 400 元变成了 200 元。如果中介费比例 20% 保持不变，那么司机的实际收入就从 320 元变成了 160 元。由于收入不达预期，可能有一半以上的司机会退出市场。

但事情不会止于司机退出。当司机数量减少时，乘客打车等待的时间就会变长，人们就会转向拦巡游出租车了。价格上升后，客户更加要求时间快速，可是司机减少了，客户当然就要选择其他的方式出行。这意味着订单进一步减少，司机收入进一步降低。司机不断退出网约车市场，人们又因为司机少、等待时间长又减少对滴滴的使用。这就形成了恶性循环。最后的结果是，滴滴不但不能从涨价中将投入收回来，反而会因为涨价最后让自己破产。

那么，第二种方法即价格不涨，只涨中介费行不行呢？消费者没有感觉，因为看起来好像只向司机收费，那就将提成翻一倍，提到 50%，把投资捞回来。这个结果上面已经论证过了，它只能带来司机数量的大幅减少：收入减半了，还有多少司机愿意干呢？同时，这也将一部分不愿意等的客户赶出网约车市场。虽然提成高了，但是订单量少了，是 2000 万 × 20 元 × 20% 多，还是 800 万 × 20 元 × 50% 多呢？可能差不多，你不一定能增加多少收入。

　　滴滴的投资商坚信滴滴将来可以盈利，于是投了 200 亿美元给它，但现在滴滴作为第一大出行软件服务商，它赚钱了吗？2021 年二季度，滴滴净亏损 242.71 亿元。2021 年三季度，滴滴净亏损 303.75 亿元。除了因投资项目失败亏损的 208 亿元外，其余的亏损就是出行业务的亏损。这么大的亏损幅度，以至于民众都不敢相信，你一天 2000 多万单业务，不是每一单都有最高 30% 的提成吗？都亏到哪儿去了？就做个中间网站，怎么能亏这么多？

　　上述分析不算严谨，因为我们无法肯定价格上升 1 倍、需求量正好下降 1 倍，更无从推断，收入从 320 元变成 160 元，会有一半以上的司机退出市场，但经济学常识告诉我们，即便滴滴获得了绝对垄断的地位，它仍然受需求曲线的约束；它可以提价，但需求量必定减少。

　　事实上，垄断后就提价的说法并没有得到经验的支持。标准石油公司 1880 年垄断了美国 95% 的煤油市场，而在接下来的 10 年间，煤油价格从每加仑 1 美元降到每加仑 10 美分。微信在中国日常社交即时通信软件中的占比接近 100%，处于绝对垄断的地位，然而微信是免费的。

　　滴滴的投资者们之所以给它投 200 亿美元，允许其前期大幅亏损，并不是以此去获得绝对垄断地位，然后提高价格以实现盈利，而是网约车效率比线下出租车高，用这种办法改变乘客的消费习惯，让其从低效率轨道转变到高效率轨道，然后通过高效率慢慢盈利。一旦低效率轨道上的乘客转移完成，面对同样高效率的曹操出行、美团出行，补贴的策略就会退出。

## 赢者通吃无悖论

传统行业中大企业可以占很大的市场份额，但也有小企业的生存空间，可是在信息产业，赢者通吃是一个普遍现象。数数看，微软和谷歌统治了操作系统，支付宝和微信统治了移动支付，抖音和快手统治了短视频平台，饿了吗和美团统治了外卖平台，顺丰、韵达和德邦统治了快递行业，淘宝、京东和拼多多统治了电商平台……

赢者通吃的背后有规模经济和网络效应的因素，但它也会导致垄断。这被认为是两难。事实上，规模经济与垄断的关系一直是经济学研究的关注点，从"马歇尔冲突"（Marshall's Dilemma）到"自然垄断理论"，再到互联网时代的"赢者通吃悖论"（Winner-Take-All Paradox），学者们一直在经济学理论和政策上寻求规模经济与垄断弊端的平衡。

真是天下本无事，庸人自扰之。悖论源自垄断有害的理论，但如果这个理论本身就错了呢？

　　主流经济学认为，垄断存在两大弊端：其一，消除了竞争；其二，导致低质量、高价格。然而，这的确是错误的。

　　竞争与稀缺性相伴而生，只要资源是稀缺的，又有两个以上的人，那么就总是包含着竞争。**垄断并不消除竞争，只是改变竞争的方式，**即不是在一个给定的市场上进行残酷的价格竞争，而是竞争如何才能进入市场中去。皇帝是不是垄断？皇帝独一无二，当然是垄断，但你知道有多少人想当皇帝吗？陈胜、吴广都曾振臂高呼："王侯将相，宁有种乎？"这不是竞争又是什么？！

　　把竞争和厂商数量联系起来，认为厂商数量越多，竞争就越激烈，完全是错误的。农民的数量冠绝天下，手机制造商则屈指可数，难道农民竞争的激烈程度超过手机制造商？那么请问：是农产品在降价，还是手机在降价？是农民破产率高，还是手机制造商破产率高？

　　其实，**看得见的竞争对手并不可怕，潜在的竞争对手才真正可怕。**让联通取消长途漫游费的，不是移动，让移动取消长途漫游费的，也不是联通，让它们取消长途漫游费的更不是主管部门，而是以前根本就不做电话业务的腾讯公司，因为现在人们可以用微信免费打长途电话了。

　　只要没有人为的进入限制，就总存在替代选择。铁路垄断并没有消除替代选择，在没有铁路的年代里人们也得出行，那时的出行方式不是对于垄断铁路的替代么？真相其实是，那些替代选择跟铁路相比成本高、不方便，被人们弃之不用了。

互联网有网络效应，具有赢者通吃的属性。可即便这样，也不能消除竞争者。曾经以为购物平台会被淘宝网一统天下，谁知京东、拼多多紧紧跟上，并大有超越之势。曾经以为支付宝会独占移动支付，谁知微信支付很快分走半壁江山。所以，没有谁能真正消灭竞争者。

弗里德曼讲得好："垄断高价等于在补贴他所有的潜在竞争对手。"高价格本身就在消灭高价格，高利润本身就在消灭高利润。由于最可怕的是潜在的竞争者，因此，垄断者哪敢要高价，他的最优策略一定是尽可能低价，让潜在竞争者无利可图，不敢进入。

事实也的确如此。微软独占了电脑操作系统几十年，可是操作系统便宜得人人都用得起。洛克菲勒标准石油公司1880 年垄断了美国 95% 的煤油市场，而在接下来的 10 年间，煤油价格从每加仑 1 美元降到每加仑 10 美分。微信在中国日常社交即时通信软件中的占比接近 100%，处于绝对垄断的地位，然而微信是免费的。

关于垄断会阻碍创新的说法，同样也是站不住脚的。英特尔公司在 PC 机芯片市场一直是一家独大，处在绝对垄断地位，但 IT 业的人都知道，芯片每 18 个月其运行速度要增加一倍。这被叫做摩尔定律。提出摩尔定律的人正是英特尔联合创始人戈登·摩尔。人们甚至提出新的价格摩尔定律，即每过18个月，价格还要降一半。一边说垄断有高利润，一边又说垄断会妨碍创新，这是卖矛又卖盾。按照熊彼特的观点，垄断有利于创新。

其实，真正有害的是行政垄断，它和普通垄断有根本的区别。行政垄断是借助行政权力只许一部分人干，不允许其他人干。普通垄断是市场竞争的产物，是普遍产权保护的结果；行政垄断是反市场竞争的产物，是破坏普遍产权保护的结果。让人百思不得其解的是，很多人对行政垄断的行业视而不见，却总是盯着普通垄断的企业不放。

赢者通吃提高了效率，是经济的内在要求。不要只看见只有一个或几个企业胜出，还要看到任何平台企业都是一个生态系统，有无数的小企业和个人可以围绕这个平台而生存。平台企业通吃的结果，没有损失效率，没有减少就业，又有什么好担忧的呢？

不少经济学者认为，中国的互联网经济近年来发展良好，形成 BAT（百度、阿里、腾讯）的行业巨头，重要原因之一就是政府大体上采取了"包容审慎"的监管政策。因此，千万不要削足适履，反什么垄断，让充满活力的经济去适应僵化的垄断理论。

## 拼多多的生存逻辑

电商具有显著的规模经济和一定的网络效应。所谓规模经济，就是产量越大，平均成本越低。对于电商来说，就是用户越多，其平均成本越低。所谓网络效应，就是使用的人越多，每个人使用的价值越大，人们也就越愿意使用。

当一个平台或者企业存在这两种特性的时候，就会强者恒强，后来者就难有进入的机会。然而一个有趣的问题是：在已经有淘宝和京东的情况下，拼多多为什么还能快速成长呢？

淘宝和京东是搜索式电商。想好了要买什么才去找，这是淘宝和京东的逻辑。搜索的核心是排名，产品越多，排名越难，因此在搜索式电商中，必然有商家流失。当然，淘宝和京东也是有区别的。淘宝是 C2C 和 B2C 的结合，京东是 B2C。即京东是商家对客户，很多还是自己生产的东西，这样质量比较有保障；淘宝主要是客户对客户，当然也有商家对客户，有的也是卖自己生产的东西，相对来说质量上可能就没有京东那样有保障。

拼多多有点社交电商的味道，拉好友砍价、拼团，不但增加了用户的黏度，而且通过朋友裂变，让朋友发现这里有便宜货。它不完全是等用户想到要买才来买，还有主动式产品推广的影子。拼多多的最大特点是便宜。在其他平台，价格由商家自行决定，但如果价格比其他平台贵，拼多多是不让上位的。这里用户的习惯是从秒杀、特价、清仓、免单等区域开始购买。

这些年我一直在京东购物，基本上今天下单明天就能收货。为了写这篇文章，我特意下载了拼多多，体验了一把拼多多购物。同样一款苹果 13 手机，拼多多比京东便宜 599 元，但我没敢买。我买了《马云：未来已来》《一课经济学》《薛兆丰经济学讲义》，价格都是 10 元多一点（含运费）。但第三天了，还在拼单。有一个酒位，左边放着飞天茅台，右边是一个纸包着的酒，上面写着"飞天"两个大字，说是贵州的酱酒，价格 118 元。我没有细看，以为是 2 瓶，寄来后才发现是 6 瓶。打开包裹的纸后，发现是一款没有任何标识的"白牌"酒。

我品了这款酒，酱香味不明显，但也能喝。满意吗？预期 2 瓶，收到 6 瓶，没什么不满意的。书当然是盗版。我虽然痛恨别人盗版我的书，但说真心话，我喜欢买别人的盗版

在拼多多，便宜才是王道。

书。其实我也买了自己的《麻辣烫经济学：经济学通识二十一
讲》。在别的平台要 30 多元才能买到，然而在拼多多 10 多元
就能入手。我没有能力验证手机是否为正品，但自己的书，还
是能够验证是否为正版。可惜，我下了两次单，都被商家退款
了。难道商家注意到我是作者了？

　　我在"商业中的类聚"一节中讲过，为了节约顾客的搜寻
和甄别费用，会出现类聚的现象，就是高端、低端不同大类的
商品会分区出售。农民都知道要将好柿子和烂柿子分开卖。商
业可以有线上、线下不同的实现形式，线上因为有搜索功能，
会有所不同，但即便如此，类聚的规律也没有完全被否定。线
下有百货商场，有专卖店，有高档商场，有小商品城，线上也
一样。就像在快递行业，大件用德邦，追求快、不丢件用顺
丰，而如果图便宜，那么就用韵达。如果不想花时间和精力甄
别产品真伪，希望快一点，就买京东，否则就上拼多多。淘宝
最早做电子商务，后来也分出一个相对高端的天猫。

　　太阳底下没有新鲜事。观察我们熟悉的线下商业，也可
以找到线上商业的发展逻辑。**只要市场定位准、模式适合，即
便在规模经济和网络效应比较明显的电商领域，也可以后来
居上。**

　　有人说，拼多多之所以能够快速发展，是因为中国还有
很多低收入者。社会对低端商品有大量需求，这是拼多多的沃

土。这当然没有错，但是也不全对。假如不存在信息费用，就不需要类聚，京东就可以在卖高档品的同时兼卖低档品啊！所以，拼多多也是信息不对称、存在信息费用的产物。

无疑，拼多多的快速发展生动地表明，质量有高低，产品无好坏，只要不欺骗，遵循自愿原则，无论高质量的产品，还是低质量的产品，都是好产品。质量低，卖低价就行了。

同时，拼多多的快速发展也表明，传统经济学对垄断的担忧是多余的。人的需求是多维度的，商业又要求类聚，因此谁都难以做到全面垄断。况且技术总在进步，只要没有人为的进入限制，也就是排除行政垄断，那么没有哪个企业能够永久地垄断下去。如今，抖音又以更快的速度在崛起。抖音的逻辑是，让你在情景中常看产品，突然你发现你喜欢这个东西，我们姑且叫情景电商吧。除了网红，好多商家都是官方入驻抖音做直播。

不过我在"没有这种商业模式"一节中分析过，任何企业都不可能靠低价补贴打败他人，打败他人的只能是新的商业模式。不仅商业模式有所区别，拼多多和京东做的也不是同一个市场。同样一款苹果手机，拼多多比京东便宜 599 元，为什么人们不都去拼多多买呢？不是消费者不知道这个差价，而是很多人认为这两个地方的手机不完全是一样的手机。这是消费者和商家在信息不对称情况下的一种分离均衡。没人愿意花冤枉钱，京东节约了顾客的甄别成本。

假如信息费用为零，那么只要一个电商就够了。世界因为信息不对称而呈现出斑斓的色彩。当拼多多采用低价策略的时候，按照需求定理，价跌量升，会有更多的人购买这种商品；而由于规模经济和网络效应，当购买的人多的时候，对这种商品的需求会进一步增加。因此，从这个意义上讲，规模经济和网络效应反过来又促进了拼多多的快速发展。

# 人造石油大数据

在 19 世纪，蒸汽机引领世界。在 20 世纪，石油和电力起着主导作用。在 21 世纪，随着互联网时代的到来，大数据正在成为未来世界最强大的推动力。

先讲两个初级的数据应用的例子。

为了准确了解顾客在其门店的购买习惯，美国沃尔玛对其顾客进行了购物关联性分析。一个令人意外的结果出现了：跟尿不湿一起购买的最多的商品竟然是啤酒。

按说，尿不湿与啤酒风马牛不相及，为什么会出现这样的结果呢？原来，在美国，到超市去买婴儿尿不湿是一些年轻父亲下班后的日常工作，他们中有 30%–40% 的人同时也会为自己买一些啤酒。既然尿不湿与啤酒一起被购买的机会很多，沃尔玛就在他们的门店里将尿不湿与啤酒并排摆放在一起，结果尿不湿与啤酒的销售量双双增长。若不是借助数据挖掘技术对大量交易数据进行分析，沃尔玛是不可能发现这一有价值的规律的。这就是数据分析的力量。

谷歌的流感预测曾震惊世人。2009 年 2 月，谷歌在《自然》杂志上发文，解释了谷歌仅仅通过研究人们上网的搜索记录，就能够预测季节性流感的爆发和传播。谷歌与美国疾控中心的预测数据存在很高的相关性，但谷歌的预测更有效、更及时，美国疾控中心通告新流感往往会有一两周的延迟。为此，谷歌处理了 5000 万条词条及将近 5 亿个数学模型。

网络信息的甄别一直是个难题，而**大数据技术的出现，为信息甄别提供了一个新的渠道**。曾经我们对碎片化、无序化的信息头痛不已，而今依托大数据系统，那些看似有损于精练和简洁的冗余信息，反而提升了信息传播的精准性，为我们描绘出事物的全貌。

从目前的效果来看，大数据的信息甄别能力正在不断提升，可用性也在不断提升。大数据技术深刻改变着零售、生产、金融等各个方面。

零售业大数据应用主要有两个层面：一是可以准确了解消费者的偏好，进行精准营销；二是可以掌握未来消费趋势，更有效地组织生产。由于电商的数据较为集中，数据量足够大、种类足够多，因此未来电商数据应用将会有更多的想象空间，除了预测流行趋势、地域消费特点、客户消费习惯、各种消费行为的相关度等，还可以依托大数据分析设计产品、管理库存和组织生产等，有利于精细化、社会化大生产。未来，考验零售企业的是数据收集和处理的能力。设想，将来顾客都不需要有任何购买动作，利用之前购买行为产生的大数据，当顾客的沐浴露剩下最后一滴时，他所中意的沐浴露就已送到他的手上，这该是怎样一种美妙场景。

自工业革命以来，制造讲究规模化、标准化。而未来，制造讲究智慧化、个性化和定制化。伴随着信息化、人工智能、智慧机器的诞生，原来 B2C 的制造模式将会彻底走向 C2B，也就是按需定制。按说，衣服是最难定制化的，但如今有不少大型服装厂在进行定制生产。这背后是强大的数据收集、计算、传送在做支撑。未来机器用的主要不是电，而是数据。

过去，金融是"二八定理"，即只支持 20% 的大企业，80% 的个人和小企业得不到金融支持。不是金融不想支持，而是落实不了。因为无论大小，调查贷款对象信用状况的成本差异不大，小企业资金需求小，单位资金的信息成本太高了。随着大数据时代的到来，了解任何企业和个人的信用状况的成本几乎可以忽略不计，于是普惠金融的时代就真的来了。未来，金融不只支持 20% 的大企业，还能支持 80% 的个人和小企业。大数据创造出真正的信用体系，这个基于数据的信用体系将在全世界产生真正的普惠金融。

相信很多人收到过银行关于愿意向自己提供一定额度的无需任何担保的信用贷款的信息。过去我们求爷爷告奶奶，银行都不贷，现在主动贷了。为什么？因为现在银行对我们的信用了如指掌。过去我上京东购物，要填写银行卡号，输入密码，现在只需选择银行，直接输入支付密码就行了。大数据时代，我们都是透明人。祸兮，福兮？我想，应该是福大于祸。

过去数亿人拥有房子、汽车及其他无形资产，比如学历、职称，可是不能资本化，而在大数据时代，它们都能活起来。试问：石油能驱动汽车、飞机，但它能驱动无形资产吗？

过去为经济发展提供动力的是石油和煤，未来人类的发展将基于新能源，数据将位于所有新能源之首。我曾提出一个观点，铝也可以成为汽油的替代。过去汽车发动机是钢铁做的，油价高了后，汽车制造商就改用铝合金，因此铝怎么不是汽油的替代呢？大数据提高了效率，当然也是能源。按照王坚博士的阐述，数据是人类第一次自己创造出来的能源和资源。这种能源和资源与我们常识中的概念有本质的不同，衣服被别人穿过，就不值钱了，而数据被不同的人利用，会得到完全不同的结果，数据有重复利用性、重组性，效益不会衰减。

## ↑↓摩尔定律会过时吗？

摩尔定律的提出者是英特尔联合创始人戈登·摩尔，他认为芯片运行速度每 18 个月会增加一倍。人们甚至提出新的价格摩尔定律，即每过 18 个月，价格还要降一半。

三十年前，能够每秒钟完成一亿次计算的计算机在世界上属于超级计算机了，其价格比当时一架小型喷气式飞机还要贵。二十年前，超级计算机的性能提高了上万倍。今天，任何一款智能手机的计算、存储和网络传输等能力，都已经远远超过三十年前的超级计算机，而最快的计算机则能在一秒钟内完成万亿亿次计算。今天，几百美元就可以获得远超三十年前超级计算机的性能。正是因为信息技术以如此快的速度进步，才使全社会的信息化和智能化得以实现。

我的问题是：为什么摩尔定律只发生在信息产业呢？

在回答这个问题前，我先分析北方的反季节蔬菜现象。20世纪 90 年代，我在北京、沈阳读书学习，那时冬天还只能吃萝卜、大白菜等窖藏蔬菜,而今天,在北方反季节蔬菜随处都能买到。生产大棚蔬菜的技术一点儿都不复杂,可以说,只要有塑料薄膜就可以生产,可是,为什么20世纪90年代就没有大棚菜呢?

因为那时候人们收入低,能够吃得起大棚菜的人少,因此市场上就不会有大棚菜供给。亚当·斯密在《国富论》中强调市场规模决定分工程度。实际上,需求规模也决定供给。需求不够大,供给就不会发生;需求足够大,供给迟早会跟上来。

为什么摩尔定律只发生在信息产业呢?我的猜测是:人类的一切生产生活活动,背后都包含了信息的运动,因此信息技术拥有巨大的应用市场,尤其信息产品是非易耗品,可以重复使用,这使得信息技术创新可以获得巨大的回报,从而能够激励人们持续进行创新。

那么,这种令人难以置信的发展速度会无止境地持续下去吗?

这既是物理学问题,也是经济学问题,我认为,更多还是经济学问题。

从物理学的角度看,芯片上元件的几何尺寸总不可能无限制地缩小下去,总有一天,芯片中单位面积可集成的元件数量会达到极限。随着硅片上线路密度的增加,其复杂性和差错率也将呈指数增长,同时也使全面而彻底的芯片测试几乎成为不可能。一旦芯片上线条的宽度达到纳米数量级时，相当于只有几个分子的大小，这种情况下材料的物理、化学性能将发生质的变化，致使采用现行工艺的半导体器件不能正常工作，摩尔定律也就要走到它的尽头了。

这其实也是一个经济学问题。集成电路芯片的性能在得到大幅提高的同时，成本也必然大幅上升，这是边际成本递增规律在发挥作用。目前建一座一般的芯片厂需要 20 亿—30 亿美元，建一座高端芯片厂将猛增至 100 亿美元。苏联能够造出大型计算机，为什么就造不出个人电脑呢？因为军用不受成本约束，可以不考虑代价，民用则必须追求成本最小化。

但另一方面，只要一种东西的收益足够大，那么必定有相应的供给产生。20 世纪 70 年代有一本影响很大的书，书名叫《增长的极限》，书中说：到本世纪初，石油将被用完，经济增长将会停滞。实际情况当然不是这样的。当油价上升后，替代能源就会出现。由于页岩油气、风能、核能等替代能源的大量生产，油价一度跌到每桶 40 美元。既然信息以大爆炸的方式在积累，那么处理、传送、储存信息就有巨大的收益，这会激励人们寻找替代的办法。

以经济学的视角来看，新材料、新技术迟早会出现。当新材料、新技术出现后，晶体管的密度可以大幅度增加，芯片的面积会更小，功耗会更低，性能会更强，当然成本也会变得更低。甚至，晶体管会不会被替代都很难说。如果还用电子管的话，今天我们使用的手机，就是一幢 50 层的摩天大楼都装不下其中的电子管。既然晶体管能够替代电子管，又怎知晶体管就不会被替代呢？如是，芯片生产的物理极限和边际成本递增束缚就可以被打破。

小米集团 CEO 雷军说：击败雅虎的不是第二个雅虎，击败谷歌的也绝对不会是第二个搜索引擎，取代前一个东西的是更新的东西，绝不是一个拷贝。这也启示中国企业，**没必要固执于在既有的赛道上超越前人，而应该努力寻找下一个风口**。弯道超车的说法不正确，正确的方法是变道超车。

以此观之，我们还可以推断，第二个革命性的技术变革将发生在能源领域。作为用途广泛的能源领域，之所以技术进步缓慢，与存在大量廉价天然石化能源有很大关系。随着环保要求提高，廉价天然石化能源占比下降，人造能源占比上升，能源领域技术变革的步伐必然会加快起来。

总体上讲，由于资本积累和知识爆炸，人类技术进步的速度不会慢下来，只会更加快起来。

# 第三章

# 信息改变业态

## ↑↑算法的力量

我请读者朋友做个试验：刷视频的时候，有意在某类视频上多停留一段时间，频繁搜索某类产品，看看接下来会发生什么。

我喜欢乒乓球，在乒乓球视频前停留的时间多一些，于是当我刷视频的时候，就经常出现乒乓球视频。晚上我要听着音频才容易入睡。有的主播内容好，语音语调又适宜入睡，我经常听，于是系统就总给我推送这些主播的视频。有的主播，虽然内容不错，但因为语音语调不适宜入睡，我听个开头就不再继续听了，很快系统也就不再给我推送了。因为新出版了《麻辣烫经济学：经济学通识二十一讲》，我经常搜索这本书，以便了解销售情况以及市场上的评价。有段时间，只要我打开网页，基本上都能看到这本书的广告。最初我一惊，以为是市场上评价好，京东加大了对这本书的广告投放，转眼恍然大悟，原来是我多次搜索这本书，于是系统就给我推送这本书的广告。

这就是精准推送。有段时间，精准推送受到人们的谴责，因为容易形成信息茧房。所谓信息茧房，就是如果你喜欢听某种声音，喜欢接受某种信息，系统就会将这类声音和信息源源不断地推送给你，久而久之，人就听不到不同的声音了，偶尔听到不同的声音，还会觉得刺耳，难以接受。为此有人就讲，互联网并没有拉平人们的知识水平，相反，还出现了认知分化。在网上，对同一个话题，经常出现针锋相对、水火不容的两种观点，这就是认知分化的一种表现。

但就算精准推送真的让人的视界变窄了，这也不是推荐系统的错，而是你自己的错。我对某些网络大 V 无好感，但也会偶而听听他们在说些啥。其实，每个推荐系统都在尝试给你推荐一些新的东西，期待发现你的新的兴趣点，显然，是你自己没有跳出来。推荐系统有能力发现你的兴趣，却没有能力培养你的新兴趣。

那些热衷于转发《算法即剥削》的人，显然忽视了这其中属于普通人的黄金机会。

有个做家具的人，他的视频号 12 个粉丝里，有几个联系了他，还有粉丝客户准备去他们厂里参观。他觉得做视频太值了。

齐亮老师因此感叹：这是一个平凡的故事，让我看到算

精准投放有能力发现你的兴趣，却没能力培养你的新兴趣

法的力量，看到精准推送的力量；同样的获客，你要打多少个电话？发多少张传单？花多少广告费？

为此，我特意大量浏览了各类视频号，发现卖地瓜、卖芒果、卖核桃、卖工艺品等各类产品的都有不少播主拥有相当不错的点击量和转发量。他们并不是明星、名人，不过是些普通的生产者，并不具有特殊的口才和演技，何以能做出如此成效呢？在很大程度上，这也得益于精准推送。只要你的东西好，买的人多，评价好，系统就会自动向潜在的客户推送。

有两类做视频号的人：一类是职业网红，纯做流量；另一类是各类产品和服务的生产者。前者必须追求十万加甚至百万加，否则难以生存。但对于后者来说，大可不必太在意这些，因为你的本职是卖产品，在线有 20 个人，有进有出，一场下来就有几百人乃至上千人，你开个门店有 20 个人同时在店，一天有几百人乃至上千人进出吗？况且，你的产品本身就创造流量。因为买了一次地瓜，感觉品质好，我就关注了这个农民的视频号。这不是产品本身创造的流量吗？对这些产品和服务的生产者来说，潜心把产品做好，并利用好视频号营销就可以了。

齐亮老师说得好：做生意想要获得客户，你要么去做视频号，要么去投广告、发传单。作为普通的小生意人，你根本不用考虑自己做短视频能不能火、能不能爆红、能不能年入百万，你只要考虑发传单和做视频号哪个性价比更高；如果同样的成本，发一天传单带来5个客人，发一条短视频带来6个，那么做短视频就是值得的。

**AI是新的生产力，不管你是做什么行业的，都应该充分利用好互联网视频号。**在博客、微博的时代，还只有知识分子有机会，因为不是每个人都有好文字，能写出好文章。如今在视频时代，每个人都有机会，连不识字的农村老头、老太太都可以做视频，轧钢厂、石材加工厂的工人们，把他们的生产过程拍成短视频，居然也收获了不错的流量。

有人说虚拟经济打击了实体经济，这完全是只看表面现象。实际情况正好相反，虚拟经济很好地辅助了实体经济。互联网信息技术的发展和普及，给那些潜心做产品的人提供了空前的机会。过去讲酒香不怕巷子深，实际上还真做不到。所以即便如茅台、五粮液，也要花大价钱去做广告。但今天，凭借大数据算法、精准推送，好产品本身就是广告。在人类历史上，在也只有在今天，好产品才有效成为自身天然的广告，这怎么不利于实体经济呢？

当前的世界正在进入数字化时代，算法正在辅助人类的很多活动。没有算法，网约车司机就没法准确接单；没有算法，外卖员就没法快速送外卖；没有算法，内容平台就无法做到千人千面；没有算法，无人驾驶汽车就没法安全行驶；没有算法，医院的癌症筛查就无法做到高效……算法不只给高技术行业带来快速发展，也给每个普通人和普通企业带来空前的发展机会。

## ↑京东物流的启示

有人曾说：京东那家公司肯定活不长，它现在就有 3 万的快递员，以后它的快递员会达到上百万，光"五险一金"和工资就会把他们公司给拖垮，这家公司太重了，根本没有前途。但京东死了没有呢？没有，人家活得很好，它的物流体系在2021 年还到香港上市了，上市时市值高达 2500 亿元。

的确，按照过去的经验，企业很难养活上百万快递员，毕竟快递员的活不同于工厂工人的活。尽管现代化大工厂也可能雇佣很多人，比如富士康在大陆的工厂就有 66.7 万人，在全球更是多达 80 万人，但是工厂中的工人相对集中，容易监督，况且流水线作业，工人很难偷懒。但是快递员的工作不一样，他们分散在社区中，没有固定的工作场所，很难监督。

为何农业集体生产效率低下呢？也是因为农业是分散劳动，难以监督，经济学叫其为代理成本高。解决的办法是包产到户，交够国家的，留足集体的，剩下都是自己的。自己给自

**己干活，自然就不会偷懒，这样就降低了代理成本。**

容易想到：快递公司搞计件工资，谁揽的件多，谁挣的钱就多，不就解决偷懒问题了吗？

刘强东就是这么做的。京东物流诞生于 2007 年，其后一直亏损，连续亏损了 12 年。2019 年 4 月，刘强东在集团内部发了一封长达 2000 字的信，他在信中写道："2018 年京东物流亏损超过了 23 亿元，再这样下去，融资的钱只够亏两年了。"他同时还宣布了一个重要决定，那就是取消快递员的底薪。他说，取消底薪不是要降低快递员的收入，而是要增加每一位快递员的收入。他把十几万的快递员全部从雇佣制员工变成了创客：不发工资了，但是揽件提成翻三倍。

不管他给出的解释有多好，当这一消息传出之后，还是炸了锅。但神奇的是，竟然没有几个人选择离开，而且经过一段时间的测试之后，快递员的收入确实多了。从 2020 年的报告来看，京东快递员的平均收入涨了 5%，月收入达到 2 万的人数涨了 163%，还真的应验了刘强东的话。不仅如此，送件不及时、不送货上门而直接把快件放到快递柜里等现象也得到了有效遏制。

刘强东成功了，然而其成功背后的现代信息技术支撑却鲜有人关注。毕竟快递员的个人利益和公司利益并不完全一致，作为散兵游勇的快递员就可能做损害公司利益的事情，他可能虚构大户赚差价，可能私自代签，还可能计量作假……假如没有现代信息技术，是很难监督的。

试想，假如没有互联网和移动通信技术，快递员就得像出租车司机一样满街随机寻找客人，这显然不现实。于是，揽件要么只能通过固定大客户定时定点上门收件，要么只能用户自己把货物送到投寄站，就像以前的邮局那样，而邮局有国家的普惠服务补贴。况且，信任成本很大。假如没有现代信息技术，谁敢把东西交给走街串巷素不相识的人？还有，假如没有现代信息技术，就得手写面单，分拣的工作量将极其巨大，进出吞吐量可能只有现在的百分之一或千分之一，单价最低是现在的 5—10 倍，低价值的商品根本没法快递。旧时的镖局就是现在的物流公司，因受限于交通和信息技术，成本太高，因此只能押送贵重的东西，无法普及物流。而且，如果没有扫码进出站以明确不同层级的责任，在哪里丢的件都查不到。

表面上，快递由一人独立完成，数量好计算，适合计件工资，但因为质量不好度量，也存在不适合计件工资的因素。比如，美容院美容师的工作属于独立完成，产出数量也好计算，但因为服务质量难以监督、度量，于是就会采用分成制，并不采用计件工资。早期，快递员的工资只能采用底薪加揽件提成，如果完全采用计件工资，快递员就会求快而不顾服务质量。

**信息技术影响信息费用，信息费用影响合约结构。**计件工资要求更低的信息费用，快递既有适合计件工资的一面，又有不适合计件工资的一面。假如没有现代信息技术，像快递这样的工种，还真不完全适合计件工资。今天，我们能够享受廉价便捷的快递服务，跟现代信息技术是密不可分的。可以从网上买一只几元钱的笔芯，不觉得这是比卫星上天还难的奇迹吗？

公司治理的核心是降低代理成本，信息技术的发展必然深刻影响公司的治理结构。所谓商业机会，无非是发明新技术，发现新产品和新的商业模式。如果能够根据快速发展的信息技术，发现新的商业模式，那么就找到了新的商业机会，就可以避免企业因旧模式而衰落。

我相信，随着信息技术的进一步发展，不仅商业模式、公司治理结构会发生根本性变化，而且经济学理论也要随之改进。比如，当大量的自由职业者出现后，什么叫失业，失业率该怎么统计，都需要重新定义。

信息技术对我们的影响绝不只是看得见的，更多的是看不见的。你不妨静思三分钟，看看假如没有现代信息技术，我们今天的任何一种生产、生活方式，还能不能维持现在的样子。

## 永辉超市的教训

2021 年，永辉巨亏 39 亿元，100 多家门店关门，市值蒸发了 600 多亿元。昔日的生鲜霸主，落魄到如此地步。然而，就在永辉的大本营福州，有一个叫朴朴的生鲜超市，在生鲜寒冬的 2021 年，逆流而上，一路攻城拔寨，日订单超过 20 万单，年销量达到 150 亿元。

朴朴这么猛，它究竟做对了什么呢？

朴朴用了一套前置仓加骑手快送的模式，它没有一家线下超市，全是库房，主要是做商品的周转、短期仓储以及分拣配送。你可别小瞧，这里面藏着搞倒永辉的撒手锏。

首先是快。究竟有多快？生鲜食材，30 分钟送货上门。想想看，自己出门买菜，还得换个鞋，戴个口罩，等走到超市，买完菜回家，至少一个小时没了。朴朴线上下单，30 分钟直接送到你家门口，那又何必自己出门呢？

其次是便宜。朴朴不只是比线下便宜，新用户首次消费，

打败昔日生鲜霸主永辉超市的竟然是前置仓加骑手快递的模式

除了折扣惊人，还送你 180 元的优惠大礼包，哪怕只买 1 元的葱和蒜，也给你送；配送费也不贵，也就是 3—6 元，要是你买够了 19 元，就可以免费送了。靠此办法，朴朴疯狂吸引了 1.7 亿用户的流量。

生鲜业起势靠流量，生死靠供应。朴朴通过公开招标选择供应商，能拿到比同行低 30% 甚至 35% 的商品报价，但这不是简单的强势压价，它也给了供应商同样优厚的回报。其一，供应商一旦通过招标入选了朴朴的供应商体系，朴朴就会给其在某个单品里面独家供货的地位，订单量给你保底。其二，由于朴朴没有门店等重资产投入，它能做到不收进场费，只收 3%-5% 的物流服务费。其三，作为电商，朴朴还可以充分利用数字化管理供应，降低成本。

由于客户都是线上下单，朴朴超市每一件商品都对应着一个 ID 数据，不仅可以精准化地推出消费者需要的产品，还能将后台的销售数据及时共享给供应商。通过精准预测，朴朴可以做到以销定产，快速补货，既减少了库存损耗，又大幅提高了周转率，还能做到不向供应商退货。

**电商最具竞争力的地方就是其精准的信息匹配。**我们买的东西可能还没生产，下单后电商统计给代工厂，调货或临时生产都正常。电商还可以下单给代工厂，代工厂把货给云仓。云仓是专业给电商和生产企业提供外围服务的企业，其业务包括包装、仓储、物流、快递等服务。云仓可以接很多家电商的活，帮忙包装发货。

2020 年又兴起社区团购，一个小区，大家一起下单团购，一旦数量达到相应的标准，便有惊人的价格优惠。一般大家在一个小区微信群里，由团长发起购货，快递到团长那里，下班后直接去团长那儿取货就可以了。团长一般是小区某个小店的店主，所以并不给其增加多少额外负担，反而还能给他带来一些额外的流量。于是人们更愿意到美团优选、多多买菜，而不愿意到线下超市去买菜了，这便是永辉当下最大的危机。

不只永辉一家，像沃尔玛、家乐福、人人乐这些商超巨头的日子都越来越难过了。

其实马云在几年前就曾预言：未来十年，大多数实体零售业都将面临倒闭的危机；未来的商超模式是，在城市郊区建立大型仓储，消费者在互联网平台下单后，通过快递直接把东西送到消费者手中。当然，线下商店永远也不会完全消失，但未来会怎么演化呢？我曾给学生布置过一道作业：调查线上与线下商品的价格，看看有没有差异，如果有的话，线上与线下同时卖的情况又是怎么共存的？诚然，这样的研究要在成熟市场领域进行，对于刚刚出现的新兴行业，得不出可信的结论。但是，我们可以通过这样的研究，预测未来线下商业演变的方向。

**技术在进步，社会环境在不断演变，企业的组织架构甚至商业模式就必须跟着进行调整。**

以美国为例。在一个世纪以前，农村人口占绝大多数，当时兴起了邮寄购物。和市场高度分割的小商店相比，以邮寄为特色的购物公司给消费者提供了更加多样化的选择和更低廉的价格，邮寄公司在这段时间内发展壮大。沃德公司和西尔斯公司就是其中的代表。

随着城市化的逐步兴起，在城市中心形成了大型的百货公司。这些百货公司不仅商品种类繁多，还能给消费者提供多样化的购物体验。随着城市人口规模的不断增长，这些百货公司取代邮购公司成为零售业巨头。在这一转变过程中，彭尼百货成为其中的代表。

随着汽车和冰箱的日益普及，建造在交通便利并且停车方便的地方（如郊区）的大型超市开始兴起，并且逐渐取代百货公司成为零售业的主体。例如，沃尔玛就是其中的代表。

近 20 年来，移动互联网和手机的普及使得网络购物逐步兴起，并给传统的百货公司和超市带来很大的冲击。在这一转变过程中，亚马逊又成为其中的代表。

中国改革开放 40 年走过了美国 100 多年才走完的路，从 20 世纪 80 年代初的邮寄商品，到 20 世纪 90 年代城市百货商店和大型购物超市的兴起，再到 21 世纪初以淘宝网和京东等为代表的网购企业的快速发展，相关的零售企业也在兴衰存亡之间快速地转换着。

　　总而言之，成功者无不顺应了时代的潮流，那些不能适应新技术的企业，最终被竞争所淘汰就不足为奇了。但是，面对新技术的冲击，老企业是否就能顺利转型呢？

## ↑↑国美为何转型难?

那个曾经被誉为商界枭雄的黄光裕在 2022 年第三季度陷入了舆论漩涡。曾经的首富,现在连员工的工资都快发不出来了。据财新网报道称,有国美员工表示其被通知 8 月份(2022年)的工资将延迟发放,但具体发放时间和比例均不清晰,此前拖欠员工的半年绩效也未发放。

谁曾想到,曾经的"美苏争霸"如今已成过眼烟云,一个被全球追债惶惶不可终日,另一个拖欠员工工资不复当年一掷千金之勇。很明显,属于两位电器霸主的时代过去了!

曾几何时,国美与苏宁也是先进商业模式的代表,它们依靠巨大的门店出货量带来的渠道议价能力,做到了大规模集中采购,一件电器能够比市面价便宜很多。加之彼时房地产行业的快速起飞,家电需求激增,国美和苏宁因此扶摇直上,成为商界耀眼的明星。

2004 年前后,苏宁和国美先后上市,国美黄光裕的个人资产更是突破百亿元，一跃成为内地首富。2008 年，国美的销售额已经突破 1200 亿元，苏宁渐渐在"美苏争霸"中开始乏力。然而，一切都随黄光裕的入狱戛然而止。因为涉嫌操纵股价，黄光裕被关了 12 年。

在黄光裕入狱前，国美销量破千亿元，旗下资本矩阵估值也超过千亿元。当年的国美，估值几乎可以和"腾讯 + 阿里"媲美；而当时的京东，销售额不过 10 亿元，还没有国美的零头多。

看上去苏宁笑到了最后，然而遗憾的是，12 年过去后，苏宁也陷入困境，张近东父子更是陷入了被全球追债的漩涡。

显然，打败国美的不是苏宁，打败苏宁的也不是国美，它们共同被电商打败了。这一点，想必黄光裕也看得清楚。在其出狱前一个月，国美将旗下电商平台改名"真快乐"。黄光裕出狱后，曾斥巨资打造"真快乐"，不仅在抖音、小红书等社交网络平台买了不少流量，还不忘自己的绝技——价格战。2021 年"五一"，国美宣布"真快乐"App 平台的上万款商品全部保证全网低价。

最开始，国美的"引流 + 低价"策略效果确实不错，2022 年 4 月，黄光裕曾表示，"真快乐"App 的销售额同比增长近 4 倍，月活用户稳定在 4000 万的规模，活动单日日活用户近千万。但后来很长一段时间，数据在这个水平上徘徊不前。根据国美 2022 年 4 月发布的全年财报显示，"真快乐"App2021 年全年的平均月活用户仅为 4244 万，国美的市场份额几乎没有变化。于是，国美从互联网公司挖来的一众高管陆续离开。曾经的百度二号人物向海龙加盟国美并出任国美在线 CEO 一年后离职，来自阿里的曹成智、丁薇和胡冠中也在加入后不久先后离开。

实际上，苏宁也曾开启过互联网转型的步伐，同样没有成功。那么，为什么它们都转型失败了呢？我认为主要有以下几个方面的原因。

其一，新商业模式的萌芽极其曲折、隐蔽，像互联网平台这样具有显著规模经济和一定网络效应的商业模式，一旦成熟，后知后觉者是很难跟进的。

今天我们都明白互联网的强大竞争力，但是当年马云连续遭到 35 位投资人的拒绝，直到遇到孙正义才融到大笔资金。而且马云也承认，当初他也没有意识到自己所做的工作的革命性意义，是后来才逐步认识到的。尽管前面已经有淘宝和京东，但因为淘宝、京东都是搜索电商，并且线上商业也要求类聚，京东做高端，淘宝高端低端都做（天猫做高端），拼多多凭借社交电商还可以做低端，而抖音也可以凭借情景电商分一杯羹，甚至有后来居上的味道，那么，国美凭什么跻身这个市场呢？仅仅靠购买流量和低价策略吗？

头部电商实施低价策略，大量补贴消费者，是因为它们的竞争对手是低效率的线下商店，通过低价格，可以将消费者引导到高效率的轨道上。这是变道竞争，预期收益能够弥补补贴支出。作为后来者的国美，在同一条赛道上和头部电商竞争，低价策略成功的概率不会大。

其二，淘宝、京东在艰难探索的时候，国美正如日中天，此时要其放下自己成熟赚钱的模式，去做前景不那么明朗的电商，机会成本太高。成就自己的也限制了自己，这是普遍现象。像王健林那样，在生意如日中天之时，毅然放弃自己做得得心应手的商业模式，进行转型，毕竟是少数。更何况，房地产相对容易看明白，因为发达国家已经在前面走过了。

其三，可不可以线下与线上同时做呢？正如周鸿祎所言：奔着风口去的很多创业者，你在这个行业没有任何 Know-How 和人力储备，如果找不到一个突破点，实际上是很难的。

其四，关键在互联网流量红利见顶、用户增速放缓的时候，国美才发力布局电商，这就颇有些"四九年入国军"的味道。假如是在市场上升期，至少还有做大等待兼并重组的机会。

这大概就是熊彼特讲的创造性毁灭吧。江山代有人才出，各领风骚数十年。事实上，不只是国美转型难，所有的企业都转型难。只不过互联网平台具有显著的规模经济和一定的网络效应，转型相对更难罢了。

　　当然，这并不是说互联网的世界就是单调乏味的。大平台企业必定有限，例如世界根本不需要很多个亚马逊，但是仍然需要很多电商，需要形形色色依附于亚马逊做生意的电商。先知书店（网店）通过做精美文案，只卖经自己挑选的宣传市场理念的书，不照样做得风生水起？！

## ↑↑饭店因何干净了？

不知大家有没有注意到这样一个现象：饭店的卫生状况有了大幅的改善。注意，我说的不只是大饭店，街边一些小饭店，卫生状况也都有了很大的改观。

那么，导致饭店卫生状况大幅改善的原因是什么呢？

很重要的一个原因是，随着经济发展，人们的收入提高了。根据恩格尔定律，随着收入提高，人们的消费并不是简单的数量增加，而会发生一个结构性变化：人们在低档品上的支出比重会下降，在高档品上的支出比重会上升。这种变化的一个最重要体现，就是人们对卫生的要求高了。

在收入低的时候，吃饱肚子第一，别的就顾不上了。在收入高的时候，人们必然要求吃得好一些，与此相伴，对卫生的要求也会提高。所以，想了解一个地方人们的收入水平，可以观察他们的卫生状况：卫生状况好的地方，收入不会太低；卫生状况差的地方，收入不大可能高。

　　此外，还有一个原因同样是不能忽视的，那就是快速发展的信息技术，使得不提高服务质量的代价巨大。过去，服务质量、卫生水平差一点，只有去过饭店、用过餐的人才知道。但是现在有一个非常厉害的东西——大众点评——已经被美团收购，成为美团的一部分。大众点评出来之后，不满意的消费者就可以直接打开手机给它一个差评，而饭店还没有办法轻易删掉。当其他消费者去用餐的时候，他可能先打开大众点评，查看市场对此饭店的评价。一旦看到负面的消息，甚至好评少了，后面的人可能就不去消费了。

　　过去，在旅游景点饭店宰客的现象非常普遍。青岛景区曾有人把一只虾卖到 38 元，被工商部门罚款 9 万元，很多人拍手称快。我当初还写文章专门分析过到底什么叫宰客、谁来维护消费者的利益以及应该通过什么途径来维护。在我的记忆中，媒体曾经多次曝光景区饭店卫生质量不佳、向顾客索要高价等问题。

　　这其实不难理解，因为很有可能这个人这辈子就来这一次，宰客并没有什么代价，甚至还有收益。我宰了你之后，你有办法吗？你没办法，因为下一个进来的人并不知道我宰过你。黑店不是写在门头上，而是写在被宰过者的心里，可是那些被宰过的人已经走了，信息没有办法传递。但是大众点评会把一个消费者的不满意传递给所有的消费者，信息不对称变成信息对称了，信息对称产生出重复博弈的效果：即使你只是去消费一次，商家也会把你当作常客看待。我在泰山顶吃过面条，一碗面 25 元，价格之实惠、品质之良好、吃饭的人数之多，都超过了我的想象。

今天，中国旅游景点的饭店变得越来越好，跟美团、饿了么这样的平台的出现有着极其重要的关系。因为它们的出现，整个中国的餐饮服务水平都在提高，甚至有的饭店通过视频把自己的后厨完完全全地展示给广大消费者。这都是信息技术给我们生产生活带来的改变。

有段时间，人们指责淘宝卖假货。对此，我曾提出一个问题：是淘宝上假货多，还是实体店里假货多？在其他条件相同的情况下，当然是实体店假货多。因为互联网上信息更透明，卖假货的代价大：买到假货的人会给出负面评价，这些负面评价会成为后面的消费者的重要参考。

我不是说网店上就没有假货，但它卖假货的时候会告诉你是假货。例如，拼多多上有不少盗版书，除了异常便宜的价格本身就暗示你不是正版书之外，商家还常常标明是黑白书，明确告诉你那是盗版书。有的商家在发货的时候还会给你打电话，告知你是影印书，确认要不要。按照我的定义，只有欺骗才是假。因此严格来说，这不是买假货，仍然是"真货"。

信息技术不仅悄无声息地改变着产品和服务的质量，还

**不知不觉地改变着产业组织的形态。**例如，过去麦当劳在城市里开的多是加盟店，在高速公路上开的则都是直营店，就是因为高速公路上的客人停下来吃一顿麦当劳，他很可能只来一次，如果是加盟店的话，它可能不会顾及对品牌的伤害，片面追求短期利益。现在有了大众点评，可以避免像这样宰客、伤害品牌价值的行为发生，于是高速公路上也大量出现加盟店了。润物细无声，信息技术的雨来得及时。

在此，我要再次强调，虚拟经济并没有冲击实体经济，它只会帮助实体经济更好地发展。美团、饿了么提供餐饮服务不假，但是粮食、蔬菜、肉类的生产、菜品的制作不还是在现实中吗？连快递员也都是现实的人，虚拟经济冲击实体经济又从何说起？事实上，因为效率提高，产生了更多的收入，创造了更大的需求，虚拟经济的发展只会使得实体经济更加壮大。

## ↑↑打车软件打破行业管制

众所周知，在嘀嘀等打车软件出现之前，是不允许私家车载客营运的，而且对出租车也是有牌照管制的。那么，应不应该这样做呢？

我的答案是：网约车出现之前应该这样做。

有人说：出租车行业存在严重的信息不对称；出租车跟饭馆不一样，饭馆的经营场所是固定的，顾客消费之后还能回来找到它，但出租车到处游荡，而且数量庞大，如果遇到一个不好的司机，这辈子再碰到他的概率很小，所以政府就得来管。

这当然是错误的。出租车到处游荡、欺骗了顾客不容易追索不假，但顾客会理性地预期到这一点，于是出租车公司就会出现。出租车到处游荡，但公司跟饭店一样是有固定经营场所的。"跑得了和尚跑不了庙"，顾客追索不了司机，但可以方便地追索公司。并且越是信息不对称，就越有企业努力建立自己的品牌信誉。20 世纪 90 年代，中国的出租车市场还不那么规范。记得有一次我去上海出差，同学就告诉我：大众公司的服务好，尽量打大众出租车。

我的解释是：不能允许车辆停靠在路边随行就市议价载客，否则会使本来已经拥堵的交通更加不堪重负，因此载客营运的车辆必须按照统一的既定价格载客营运；但是，当价格被管制以后，车主便可能因为不能适应市场变化而遭受损失，所以应该对其做些补偿，办法就是对进入的车辆数量进行必要的管制。这样，就必须禁止私家车以盈利为目的顺便拉人载客。

这样解释对吗？应该对，因为在小城镇和大城市的郊区，出租车就随行就市议价载客。

出租车市场的管制和牌照由来已久。历史上最早出现的出租车是马车，英国早在 1635 年就开始立法管制出租马车（ *Hackney Carriage Act* ），1654 年就开始发放出租马车的牌照。

不得不进行管制的一个后果就是份子钱。只要管制了数量，就产生了垄断，就产生了垄断租，也就是份子钱。份子钱是数量管制的结果，而不是原因。如果不放开数量管制，份子钱是减不下去的。不管怎么用行政命令取消，最后份子钱还是会以这样或那样的方式冒出来。份子钱会涨到多高呢？在美国纽约，一个出租车牌照卖到 60 万、70 万、80 万甚至 100 万美元。

　　然而事情正在发生变化，它来自移动互联网的出现。2015年，中国智能手机保有量就达到 6.3 亿台，全面取代了功能手机。在此基础之上，网约车服务开始涌现。

　　在网约车平台上，司机和乘客都可以被评分，路线和价格都是透明的。最关键的是支付手段发生了根本变化，从现金支付转为网上支付，而且车资直接转到公司账上。几百年来信息不对称的问题得到了革命性的解决。今天，出租车服务可以由个体而不必通过出租车公司来提供了。即使由游荡的个体提供出租车服务，也产生了跟餐厅服务一样的商业效果。

　　今天，有了嘀嘀、嘀嗒这样的打车软件，无需把车停在大街上也可以议价，网约车平台可以非常精确地把控司机的路线，并把车资以及其他服务细节发送给乘客，可以根据天气、地段、线路、供需、时段来灵活调整资费，管制出租车行业的理由不再成立了。

　　今天，应该允许一切车辆载客营运。假如私家车都可以载客营运，那么街上的车流就会大幅减少，雾霾、拥堵必然得到大幅改善。最近几年，油价持续高涨，我出行就特别喜欢搭顺风车，而不再自驾，既省钱，还解决了停车难的问题。

　　过去因为信息技术不发达，许多资源难以共享，只能闲置，因此闲置不算是成本。但在今天，既然有共享这个选择，能增加效益，能提高收入，那么闲置的成本就变得很高。

　　然而，共享经济面临很多阻力。就以互联网约车为例，它在世界各地都受到指责，比如，说它没有交税、存在安全隐患等。安全问题显然是胡说八道，因为在电子平台上留下了记录，应该比传统出租车更安全。至于交税的问题，也不难解决，平台代扣就行。最关键的是，所有这些反对声音其实并非来自消费者，而是来自他们的竞争对手。这才是问题的本质。

　　今天，各方利益冲突的根本就是出租车现有的牌照管制。但实际上，作为过渡，完全可以通过适当向网约车征税，逐步补偿牌照的所有者，实现多方共赢。科斯定理早就说过，只要产权清晰，交易费用又不高，那么不管产权如何分配，资源的使用方式将是相同的。从长期来看，由于网约车软件使信息不对称问题得到了革命性的解决，以公司形式出现的出租车必将被淘汰，而由于不再需要对出租车进行价格和数量管制，因此牌照和份子钱也会随之消失。

## 智能机器就会导致失业？

在所有的经济学谬论中，认为机器会导致失业最为盛行。这种谬论曾经无数次被驳倒，但总能死灰复燃。

当年织袜机刚投入使用的时候就曾遭到手工工人的反对，机器被破坏，厂房被烧毁，织袜机的发明者们受到威胁。工人们相信，机器会不断地替代人力。但他们显然错了，因为到了19世纪末，针织袜业所雇用的劳工人数，反而比该世纪初的时候增长了至少100倍。

静态看，织袜机替代了工人。但机器之所以能够替代工人，是因为效率更高、成本更低。这使袜子更便宜，会有更多的人需要袜子。因此动态看，反而扩大了该行业，增加了该行业的就业。

但机器创造工作并不仅限于此。机器本身需要人工去制造和维护，由此带来了原本不存在的工作机会。另外，效率提高使得企业的利润增加，企业主将这些超额利润用于：（1）扩

未来，智能机器真的会导致失业吗？

大生产，购置更多的机器，生产更多的袜子；（2）投资到其他
行业；（3）从事个人消费。无论企业主把利润用于哪个方面，
他都会增加就业机会。

　　汽车出现的时候，有人说汽车抢走了马车夫的工作；工
厂流水线出现的时候，有人说流水线抢走了小作坊的生意；电
商来了，有人又说电商抢走了实体店的生意。这些人没有看
见：马车行业消失后，汽车行业产生了更多的工作机会；小作
坊消失后，雇佣上万人的大工厂产生了；实体店减少后，网店
增加了，同时还产生了数以千万计的快递人员。

　　今天，全球人口是 18 世纪中叶工业革命形成规模前的 4
倍，然而失业从来都是短期现象，很多发达国家长期存在劳动
力短缺的问题，因此机器导致失业的说法根本不成立。我们甚
至可以说，机器使人口得以增加。如果没有近现代机器，这个
世界根本无法养活那么多人。

　　然而有人坚持说，过去是你说的那样，但这次不一样，
这次是智能机器对人的全面替代。

　　基于剑桥大学研究者 Michael Osborne 和 Carl Frey 的数据，
BBC 分析了 365 种职业在未来的被替代率，其中被替代概率在
60% 以上的高危职业有：电话推销员被替代概率为 99.0%，打
字员被替代概率为 98.5%，会计被替代概率为 97.6%，保险业
务员被替代概率为 97.0%，银行职员被替代概率为 96.8%，政

府职员被替代概率为 96.8%，接线员被替代概率为 96.5%，前台被替代概率为 95.6%，客服被替代概率为 91.0%，HR 被替代概率为 89.7%，保安被替代概率为 89.3%，房地产经纪人被替代概率为 86%，工人以及瓦匠、园丁、清洁工、司机、厨师、木匠、水管工等第一、第二产业工作岗位被替代概率为 60%—80%。

这只是针对英国人的职业替代率，未必适合其他国家，而且 BBC 研究报告的准确程度并不高，所以只能作为参考。尽管如此，大量职业被智能机器替代却是没有悬念的。

不过，担忧智能机器会导致失业的人显然忽视了，资本会提高劳动的边际生产率，因此智能机器的采用绝不只是提高企业的利润和企业主的收入，也会提高在岗工人的工资。效率提高使得产品增多，从而降低产品价格，这相当于提高消费者的收入。由于收入提高，人们的消费能力增强，会出现新的行业，比如餐饮、足浴、美容、游戏、体育等。

四十年前，大街上有几家饭馆？那时，有美容院吗？有歌厅电影院吗？几乎没有。智能机器的确替代了人，但要看到，今天旅游、娱乐甚至玩耍都可以成为工作。有人卖了房子买下房车，环游世界，把所到之处的美景、风土人情拍成短视频，产生流量赚了钱。有人打麻将、唱歌甚至养宠物、跟宠物玩耍，将其做成短视频，同样制造流量创造了收入。所以，根本不用担心智能机器全面替代人，任何高效率生产方式对于低效率生产方式的替代都不是问题。

机器并没有减少就业，然而这并不是重点之所在。要让人人都有活干太容易，回到工业革命以前就可以了。工业革命以前，人们起早摸黑，全年无休，累死累活，的确没有失业。但这样真的好吗？机器的真正成果是提高效率。当生产效率提高后，人们可以周末休息了。现在是五天工作制，随着智能机器时代的到来，人们完全可以实行四天甚至三天工作制。

尽管机器只会产生更多的工作，但并不否定有人因为机器而失去了工作。也许不久他就会找到另一份工作，甚至比过去的工作还好。但实际情形也可能是，他花了大半生所学习和掌握的某项技能，变成了市场上不再需要的东西，他对自身与旧技能的投资都白费了，正如他的老雇主在旧机器或旧工艺流程上面的投资，突然之间也变得落伍过时、血本无归一样。

对于这部分人，该怎么办呢？有人会说，应该由社会向其提供失业保障。我的建议是：既然智能机器大规模替代人是大势所趋，而效率提高、财富增加只会产生更多工作岗位，那么我们更应该做的是，判断趋势，思考未来人到底适合做什么，并提前做好人力资本准备。

## ↑↑财富的逻辑正在改变

两年前，两则新闻吸引了我的注意力：一是深圳作为中国最有活力的地方，出现了商铺和写字间空置率不断上升、租金不断下降的现象；二是李子柒成为热门网红，年赚上亿元。

商铺冷清，自然与宏观经济下行有关系，但也与我们处在新技术变革前夜有很大关系。移动互联网＋智能机器人的时代正在走来，它正在并且必将深刻变革我们的生产生活方式。

工业革命前，普遍的形态是各家各户日出而作、日落而息。这被叫作小农经济。

工业革命让我们进入大规模生产时代，谁有能力组织大规模生产，谁就能拥抱巨额财富。试想想，要想成为富人，总要办个工厂、开个商店、建个学校，雇佣几个人才有可能。而个人要生存，就必须依附于组织。于是，我们见到了像富士康这样雇佣几十万人的超级工厂。

人们刚刚走出小农经济、适应了大规模生产，还不曾停歇脚步，又要被机器人取代了。

我们对机器生产早已见多不怪，难道这机器人和机器还有什么本质的区别吗？

是的，这机器更多的是"人"，而不是机器，它有"智慧"，叫做智能机器人。

马克思曾说机器会替代人。机器当然不会替代人，所以工业革命以来，与大规模机械化生产相伴随的，是就业总人数的不断上升。但是，人会替代人，机器人的确会替代人。

过去，我们认为标准化的工业生产可以被机器替代，非标准化的服务业还得依靠人。我们认为，机器可以生产精密的汽车、飞机，但搞不了家务、买不来菜、做不了饭。然而，今天不只在资本密集的美国、德国出现了无人工厂，在劳动密集的中国也出现了无人餐厅。今天，机器人一个小时就能干完一个人一天甚至几天的记账工作，而且还不出错。非标准化的服务业，机器人也比人干得好。就连蛋白结构解析这样科技前沿的事，人工智能也比科学家干得好。

那么，人能干什么？为此应该做好哪些人力资本储备呢？

物质生产的事基本上交给智能机器人，人能做的：一是科技发明；二是在无人工厂生产的产品和消费者之间建立起供需的桥梁，也就是生产流量；三是体育、休闲、娱乐。

回过头来再说爆红的李子柒。有人说：李子柒是人为运作的产物，并不代表农村的真实生产生活，因为现代人不可能那样生产。这个批评对不对？当然不对。说这话的人没有看懂新时代的财富逻辑。在这个互联网＋智能机器人的时代，没人通过传统方式生产物质产品去赚钱。李子柒用桃花酿酒，也许一滴酒也没有酿出来，但这不重要，她要的只是这样一个过程（叫表演也行）。**李子柒生产的不是产品，而是流量；赚的不是产品的钱，而是流量的钱。**

曾经，上海的淮海路车水马龙，人满为患；如今，人烟稀少，惨淡经营。这并不完全是经济下滑的缘故，同样与互联网＋智能机器人时代生产生活方式发生巨变有很大的关系。

说白了，商场只是提供了一个供需双方约会的场所。但在移动互联网时代，一个 App 就替代了商场的主要功能。试问：是做 App 的成本高，还是做线下商城的成本高？更关键的是，线上 App 可以让每一个有才华的人为之导流，可线下的商场能做得到吗？

曾经，如果没有固定场所，我们无法想象怎么办学。可是未来，利用虚拟现实，即使我们身处天涯海角，也可如身临其境，与老师、同学交流学习。曾经，不上医院就无法看病。可是未来，在家里就能接受远程诊疗。曾经，可以通过网络购买食品、电器，但是无法购买完全合适的衣服、鞋子。

而未来，可以通过网络在家里试穿衣服。那么商店还有什么价值？

未来，商铺还将大幅度贬值。深圳的商铺空置率上升、租金下降只是开始。

未来，大量的商贸公司将消失，代之而起的是各种网上平台以及自带流量的各种网红。

一个时代黯然落下，另一个时代冉冉升起。工业革命后，靠传统商贸公司发财的模式，绝大多数都会成为明日黄花。李子柒已经用自身实践告诉我们，什么才是新的商业之道。

与此过程相伴随的是，文凭将大幅贬值。文凭有一个重要的信号发送功能。比如，企业要招很多人，可是老板并不了解每个人，怎么选择呢？他可以看文凭，一个人能够考上大学，顺利毕业，至少说明智力不差。但未来机器人替代人，自由职业者代之而起，文凭的价值自然就下降了。

过去，如果一个人偏科，总成绩就很难高，就不容易通过他人的考核评价。木桶的容量不是取决于长板的长度，而是取决于短板的长度。这被叫作木桶原理。未来，自己给自己打工，个人只需把自己的强项做到极致，木桶原理将不再成立。

这将是一个个性张扬、物质和精神产品极大丰富的世界。李子柒把农业干得美轮美奂，如桃花源般，于是可以成大名、挣大钱。抖音上，把切菜、炒菜玩成魔术的几位姑娘小伙，其带货和广告收入肯定超过其主业收入。未来需要人展示的是自身独特的才艺，这个才艺只是用于生产流量。惟其如此，被大机器工业淘汰的各种传统技能技艺，必将如雨后春笋般冒出来。

# ↑↑技术革命改变城市布局

我曾根据世界银行公布的 120 个城市的数据，做过一个经验研究，发现外商直接投资（Foreign Direct Investment，FDI）的区位选择，主要取决于贸易成本，而不是政府效率、法治环境等其他因素。

贸易成本主要是运输成本，它跟物理距离之间并没有绝对的对应关系。物理距离远，贸易成本可以低；物理距离近，贸易成本可以高。运输方式是一个重要的决定因素。例如，货物从义乌到山东的单价比从义乌到杭州的便宜，东北的大豆到浙江比巴西的大豆到宁波还要贵。

远洋轮船出现后，海洋运输的成本最低，港口于是具有了极大的战略意义。这就可以解释，为什么古代经济重心在中原，到了近代又转移到了沿海。并非古代中原人勤劳智慧、现代中原人懒惰愚笨，古代沿海人懒惰愚笨、现代沿海人又勤劳智慧。古代主要是面向国内生产和消费，而近代是面向全球生产和消费。在全球化、蓝色文明的时代，沿海城市天然有优势。

以上海为例。当纽约棉花价格上涨后，上海码头最先知道，然后才是其他各地。最先知道涨价消息的上海商人就会在第一时间行动起来加价收购棉花。于是，资源、财富就会优先向上海积聚。地球是圆的，为什么有的地方是中心城市，有的地方是偏远地区？可见，偏远不是简单的地理概念，更是一个物产概念。物产丰富，资源和人口不断流入，于是这个地方就成为中心城市。物产贫乏，资源和人口不断流出，就成为偏远地区。上海在中国海岸线的中点，拥有优良港口和长江流域广大的腹地，自然就成了经济的重心。

无疑，互联网在弱化特大城市独特的信息集聚和传播功能，而高速公路、高速铁路、航空运输的发展延伸了其他城市的腹地。那么，这是否弱化了特大城市的形成逻辑呢？

因为规模经济的优势无法替代，特大城市的形成逻辑不但不会被弱化，反而会被加强。这会促使城市群的产生。在此过程中，城市与城市之间分工协作的重要性也会逐步凸显。

人与人之间、企业与企业之间通过分工协作，可以大大提高效率。这已经被经济学所证明。亚当·斯密最重要的贡献之一，就是指明了分工和专业化是效率提高的源泉。今天我们耳熟能详的是比较优势理论，即按照各自的比较优势分工和专业化，可以使总产量增加。但实际上，这远远没有刻画出分工的作用。按照斯密的意思，事前没有差异的人也可以分工，这样的分工也可以提高效率。分工不需要事前有差异，通过熟能生巧，分工本身就可以产生出差异来。

然而，城市一直被认为是一个综合体，因此，城市之间的分工协作问题在过去是不被重视的。但未来，由于时间、空间都在缩小，城市之间的分工协作问题就会逐步凸显出来。比如，一些城市主要聚焦于信息产业，一些城市主要聚焦于制造业，一些城市主要聚焦于金融产业。

当然，比较优势是动态变化的，伦敦、纽约、东京等，都经历过比较优势变化、升级的过程。过去纽约的制衣业名冠天下，后来就不行了，但它的金融业又起来了。但无论如何，未来城市之间分工协作的重要性在上升。

不仅如此，5G 网络、人工智能还可能深刻改变城市内部的功能空间。

无人工厂、远程控制可能使生产和生活区分离，人们再也不需要像现在这样穿梭于生产和生活区，生活区和工作区可以离得更远。那么，城市人口密度会因此而变得更高还是更低？

需求定律说：需求越大，价格越高。但在实际生活中，需求越大，价格常常越低。这是因为：需求定律是局部均衡分析，严格假定了其他因素不变。其他因素不变，包括供给也不变，自然，需求增加，价格会增加。但是，一般来说，需求增加，供给不可能不变。需求越大，可选择的生产方式就会越多，最有效率的生产方式就可以被选择，因而价格反而会越低。

要素、人口密集度高，最有效率的生产方式就可以被采用，这正是城市化的逻辑之一。

但要素、人口集中也会受到交通拥堵的限制。无人工厂、远程控制使得生产和生活区分离，人们无需穿梭于上下班的路上，交通拥堵会大幅改善，这只会增加要素、人口密集度。

在空间结构上，可能生产区向郊区汇集，服务业向中心城区汇集，中心城区的人口密度进一步提高。

由于机器替代人进行生产，人们的收入极大提高，绿色、宜居、高品质也会成为城市的内在要求。

港口是全球贸易网络的节点，城市是全球经济网络的节点。未来必然是全球视野下的城市。做全球城市，聚集全球范围的人才和资源，参与全球分工，必将成为城市发展的方向。

## 人工智能影响世界格局

美国和中国分别是世界上第一大和第二大经济体。一般认为，美国是典型的市场经济，中国不是。例如，美国、日本、欧盟就不承认中国的市场经济地位，但显然，它们认为自己是市场经济国家。

中国的市场经济确实有不完善的地方，但美国对市场的破坏也很严重。科斯定理讲，清晰的权利界定是市场的前提条件，因此只要破坏了产权，也就破坏了市场。

有位企业家朋友讲，他到美国办展览，亲眼见到装卸工不能干展览工的活，展览工不能干装卸工的活。据张五常教授说，件工合约在美国是非法的。如此管制，不是破坏产权和市场又是什么？

破坏市场的手段多如天上星。政府管制、随意加税、各种补贴、高福利等，都是在干预和破坏市场。有一个很简单的标准，哪个国家经济增长快，哪个国家的市场化程度就高，反之，**市场化程度就低。**

为什么高增长只发生在近代以来？因为直到近代，人类才大范围利用资本品进行迂回生产。例如，我们不直接种小麦，而是先生产化肥、农药、播种机、收割机，然后再用这些资本品去生产小麦。这就是利用资本品迂回生产。迂回生产大幅提高了生产效率。

如果没有财富积累，吃了上顿没有下顿，是不可能有资本积累和迂回生产的。越富裕，就越有能力积累资本、把迂回生产的链条拉得更长，因此，也就越能实现高增长。

美国是富裕国家，为何其增长率反而不及很多贫穷国家？因为它严重破坏了产权和市场。

中国的劳动力市场相对自由，美国（西方）的思想市场相对自由，于是中美之间形成这样的分工：美国创新、做高科技，中国搞制造业。这就是过去四十年国际分工体系的基本面貌。通过参与国际分工，中国充分发挥了自身的劳动力优势，迅速从一个低收入国家变成世界第二大经济体和中等收入国家。有人甚至预测，中国很快会超越美国成为第一大经济体。

然而，随着智能机器人时代的到来，美国劳动力市场不自由的缺陷将得到很大程度的弥补，最直接的后果就是制造业开始回流美国。当然，制造业回流美国还有别的原因。在此就不细说了。

所谓制造业回流，是指发达国家的制造业从国外向国内转移的一种现象，它既包括把海外的工厂迁移回国，也包括在国内建设工厂，取代在海外建厂或采购。当初奥巴马提出制造业回流美国的时候，包括我在内，都是不屑一顾的。但不管我们当初对于制造业回流美国有多么不屑一顾，现在我们发现它已经越来越成为一个现实的挑战。

第一，制造业回流美国的速度在加快。自 2010 年以来，美国企业回归美国本土的工作岗位数已经超过 160 万份。如果你觉得 160 万份仍然不值一提，因为它差不多就是一个中国石油的员工数量，那么你可以仔细去看一下回流的速度。2022年回流工作岗位有望达到 35 万份，而 2021 年是 26.5 万份，两年加起来 61.5 万份，占了过去 12 年的 1/3，可见回流在加速进行。之前福耀玻璃在美国投产时遭遇"水土不服"，而这一次，回流美国的企业大都采用了这样的策略：既然工人不好用，就多上机器人。考虑到一个美国工人创造的财富相当于10–13 个中国工人创造的财富，我们可以计算一下有多少财富回流到了美国。

第二，回流正成为美国企业的共识。2022 年 3 月的一项调查发现，83% 的制造商有可能、很可能或极有可能回流美国，高于 2020 年 3 月的 54%；而在两份美国企业的季度财报中，"回流"都是关键词。对于产业回流，美国企业是认真的。过去，我们认为回流的只是一些中高端的制造业，但实际上现在是高端、中端、低端都有，美国居然有做拉杆箱的企业。不仅如此，德国、韩国等企业也纷纷去美国投资办厂。根据德国《商报》的报道，仅美国俄克拉何马州就吸引了60多家德国企业前往投资扩展业务，其中包括汉莎航空、西门子、阿尔迪和费森尤斯。2021年，韩国财阀在中国直接投资66.7亿美元，但他们在美国投了275.9亿美元，是中国的4倍。

第三，美国已经找到了与中国进行成本竞争的办法，低端制造由美洲替代，即用墨西哥等地的制造来替代中国的低端制造，中高端则用机器人来生产。美国自动化协会的数据显示，2022年一季度，美国的机器人订单同比激增40%，而2021年全年该增幅仅有21%。2022年一季度，美国制造业投入的机器人超过1.2万台，比2021年全年的总和还要多。过去，中国一国安装的工业机器人的总数超过了美、日、德、韩4国的总和，照此下去，这一形势很可能会逆转。

尽管从目前来说，还很难想象与中国完全脱节的供应链，例如，采购行业集团的一些成员认为，他们通过在越南增加供应商来实现多元化，结果却发现该供应商与中国存在密切的联系。但是，美国制造业正在坚定地向着普遍不被看好的目标前进，其对中国的影响已经显现。过去两年，尽管美国对海外供应链的依赖并没有减少，但是对中国的依赖出现了持续下降。目前，美国东海岸集装箱吞吐量已经超过西海岸。2022 年前三季度，美国经济增长率也超过中国，这不免对中国经济能否超越美国投下不小的变数。

第四章

# 新兴产业漫谈

# 特斯拉为何公开专利？

"我们所有的专利都属于你"，这是特斯拉创始人埃隆·马斯克的宣言。

当马斯克说这话的时候，还是电动汽车初创期的 2015 年。那时电动汽车在整个汽车行业的比重还很低，包括混合电动车和纯电动车在内，其在美国的销售量为 9.6 万辆，占美国汽车总销售量的份额不足 1%，而纯电动车只占其中的一半，即不足 0.5%；从全球看，当年燃油汽车销量首次突破 8000 万辆，而特斯拉 Model S 纯电动车的销量仅为 2.23 万辆。

当时，电动汽车项目在大型汽车厂商中的规模都很小，有的甚至没有开发这类业务。马斯克对此形势应该有着准确的认识。那么，此时此刻，特斯拉的主要竞争对手到底是谁呢？

是传统燃油汽车！因为对于消费者来说，买什么车，决定因素远不止购车花费以及油费或电费，更重要的是有没有一个成熟的产业生态系统，方便充电，方便维修。假如没有这样一个生态系统，就算电动车便宜，就算电费比油费低，购买电动车仍然不划算。而在行业发展初期，要建立这样一个系统，单靠特斯拉是不现实的。最好的办法，是通过共享专利技术，让还没有掌握关键技术的厂商快速进入生产阶段，一起把"蛋糕"做大。

当然，马斯克在公开专利的时候有两个问题需要权衡：其一，传统燃油车巨头会不会因为免费获得专利而在电动车上对特斯拉形成挑战？其二，其他小电动车公司呢？

其实，即便有了这些技术，传统汽车公司也不会明显提升自己在电动汽车市场上的竞争力。因为传统汽车公司做不好电动汽车的核心问题从来都不是技术，而是其对电动汽车的投入程度，以及对于创新产品的推动力。

由于"历史成本"不是成本，对于那些传统汽车巨头来说，其在燃油车上已经投入的机器设备、研发的专利技术等就不再构成生产燃油车的成本。但转产电动车，需要投入新的机器设备、做新的研发，这些都是成本。换言之，对于传统汽车巨头来说，他们继续生产燃油车是一件成本相对低得多的事情。要放弃成熟的赚钱模式，转而做新的成本高、风险大的电动车，对谁都难，至少难以做到全身心投入。这就是世界上转型成功者总是寥寥无几的原因之所在。

独享专利技术容易做大"蛋糕"，还是与其他厂商共享专利技术容易做大"蛋糕"？

　　那么，其他小电动车公司有了这些专利技术会怎么样呢？对于它们来说，最明智的选择不是去推出一个和特斯拉一样的产品，而是去做一个不同定位的产品。特斯拉并不是一个可以复制的故事，投资者很难再有勇气去支撑一个复制版的特斯拉。

　　对于特斯拉来说，它也不可能满足市场上每一个购车者的需求。要想高、中、低端都自己做，必然增加消费者的搜寻成本和甄别费用，不利于其收获品牌红利。特斯拉专注于做好自己的高、中端电动车才是最优的选择。前面已分析过了，在初创期，特斯拉需要其他电动车商一起分担电动车生态系统的建设费用，以便和传统燃油车展开竞争。

　　既然开放专利不会对自己增加明显的竞争压力，而整个行业做大后，特斯拉会成为最直接的受益者，那么当然要选择公开专利了。其实，行业做大后给特斯拉带来的好处远不止前面讲的基础设施的成熟。例如，因为规模经济，电池成本会大幅下降。又如，特斯拉正在建设中的超级工厂，将成为全球最大的电池供应商，但假如没有整个行业规模的扩大，哪有这样的机会。

　　电动汽车并不是一个新东西，甚至在汽车业的早期阶段就曾流行过。如今奔驰、宝马、丰田这样的传统汽车商都推出了自己的电动汽车，但电动汽车市场中最受人瞩目的品牌无疑是特斯拉。通过专利开源，除了推动行业整体做大，特斯拉还提升了自己的知名度。现在专利对于特斯拉来说已经不那么重要了，因为特斯拉拥有了比技术更重要的东西——品牌。

虽然身处于一个巨大的市场中，可是新能源汽车并没有确定的方向路线，即使特斯拉已经量产、全球知名，电动汽车也并非一个明确的选项。如果电动汽车不能成为新能源汽车的主流选择，那么即使特斯拉再成功，也只是一个小众的汽车品牌。

从这个角度看，开放专利实际上是特斯拉不得不做，而且还得尽力去做好的事情。对马斯克来说，现在的唯一选择就是和同业竞争对手一起成长，而不是通过专利抑制同业的发展，因为最大的风险不是来自同业竞争对手，而是自身处在一个没有规模的市场之中。

现在电动车遍地开花，电动车的销量占比逐年提升，整个行业参与的人多了，蛋糕大了，市值也起飞了。"行业一哥"的特斯拉是否是最大的受益者，看看它的股价就知道了。马斯克公开专利技术的目的非常明确，就是为了快速做大整个电动车行业。事实上，特斯拉最核心的技术并不是硬件技术，而是软件技术（算法），我敢肯定马斯克不会公开他的软件技术。

## ↑↑ 经济学视角下的元宇宙

近两年，元宇宙概念持续升温。什么叫元宇宙呢？按照扎克伯格的说法，元宇宙就是一个融合了虚拟现实技术，用专属硬件设备打造的具有超强沉浸感的社交平台。而按照腾讯的定义，元宇宙是一个独立于现实世界的虚拟数字世界，用户进入这个世界之后，可以用新的身份开启全新的自由生活。马化腾还为这个概念起了一个新的名词，叫做全真互联网。

经常玩网游的人可能会不以为然：什么元宇宙不元宇宙的，不就是早就存在的大型多人在线角色扮演游戏吗，商人就是善于炒作，拼命制造新概念，搞得神乎其神。

这样想的人大体是没有错的。元宇宙的一个重要功能还真就是游戏、娱乐。事实上，作为元宇宙第一股的 Roblox，它的目标就是建立一个让用户能够尽情创作内容，并且在虚拟社区中交流和成长的在线游戏。

试想，你给原始人讲，旅游会成为人们必要的生活方式，变成一种重要的产业形态，他们会怎样看？一定会认为你是在发神经。你要是给两百年前的人讲，未来人们会实行五天工作制，他们会认为你是在做白日梦。但是，工业革命后，随着生产率提高，人们不用每天工作了，五天工作制、年假制得以实施，并且绝大多数人的吃穿住用等生存问题基本得到解决，旅游的确变成现代人的一种生活方式，旅游业真的成为很多国家和地区的支柱产业。

随着智能机器人时代的到来，人类会大量从传统生产活动中解放出来。被解放出来的人们，衣食无忧，有大量闲暇时间，干什么呢？无疑，游戏、娱乐将变成他们最重要的生活方式。

但是元宇宙又有很大的不同，它必须为真实世界的生产、流通和消费创造实实在在的价值，否则它就不是一项革命性的东西，就不应该引发众多互联网巨头的高度重视和重金投入。

首先，它要打破空间束缚，让那些在现实中因空间距离难以进行的活动，能够方便有效地进行。

当初互联网出现的时候，就有人认为它能打破空间束缚，认定人们会到郊区或者农村远程办公，由此导致城市化终结。但实际情况恰恰是城市化反而如火如荼地进行，并且城市内部也出现了向中心城区聚集的现象，世界并没有因此变得扁平化，反而更加陡峭了。这是因为，尽管互联网可以远程传递信息，但它承载的信息不如真实生活中面对面协作时那么丰富，它无法传达语气，无法表达情感，无法亲密接触。事实上，即便是互联网巨头谷歌公司，他们的顶级工程师也是坐在一起编程，他们的总部设有很多员工喝茶聊天、交流讨论的空间。今天诸如教学、会议等活动，尽管可以在线上进行，但是和线下面对面的交流相比，在体验感上还是有很大的差距。但在未来的元宇宙中，可能真让人分不清到底是虚拟的还是真实的。

此外，正如今天的网红们在互联网上产生的流量能够直接服务于真实世界的生产、流通和生活，变现为实实在在的收入一样，个人在元宇宙中所产生的影响力同样必须是真实的，而非虚幻的。元宇宙和现实的连接必须更加紧密，甚至和真实世界的经济系统直接挂钩，例如，不再使用虚拟货币，而直接使用支付宝、数字人民币等。阿里巴巴眼中的元宇宙就体现了与现实的紧密结合，其目标是让顾客进入天猫店铺以后，可以有一种云逛街的全新购物感受。

正因为如此，元宇宙将深刻反作用于现实世界，例如可能根本改变商业地产的估值和城市布局。

其次，它应该像真实世界一样能够永远存在。

元宇宙中的用户可以更替，玩法可以变化，规则也可以调整，唯一不能变的就是这个世界本身——它必须永远存在，绝不能因为某个公司的破产而影响了元宇宙的程序。只要地球不毁灭，文明就不熄灭；只要文明不熄灭，元宇宙就一直在。

为此，元宇宙必须是去中心化的。就像我们无法判断哪个国家是地球的中心一样，一个合格的元宇宙可以存在热点区域，也可以存在贫穷和富裕，但是一定不能只有一个中心。假如元宇宙世界规则的解释权只属于某个公司，或者某个国家，那么都是不能容忍的事情。要做到这一点，就必须有一个接入元宇宙的开源的共享协议，这有点类似国际互联网的 HTTP 协议。

严格来讲，元宇宙不过是区块链、云计算、虚拟现实、增强现实、数字孪生等新技术的概念具化。从时空性来看，元宇宙是一个空间维度上虚拟而时间维度上真实的数字世界；从真实性来看，元宇宙中既有现实世界的数字化复制物，也有虚拟世界的创造物；从独立性来看，元宇宙是一个与外部真实世界既紧密相连又高度独立的平行空间；从连接性来看，元宇宙是一个把网络、硬件终端和用户囊括进来的永续的、广覆盖的虚拟现实系统。

如果元宇宙是一个高等生命，那么互联网就是低等生物。这个生物在不停地进化，从最开始的电子邮件，到后来的门户网站，再到后来的移动社交，它变得越来越高等，越来越复杂，越来越虚实难分，占据的时间也越来越多，它是高度数字化和智能化发展下的社会新形态。

　　尽管技术的成熟还需要慢慢等待，但元宇宙有很大的机会做大做强。想想当年人们热议移动互联网概念的时候，一样有很多人对其不以为然，但后来的事实证明，所有不重视移动互联网概念的互联网公司全部被淘汰。人类在科技的发展上永远都是高估短期可以取得的成绩，例如股票马上暴涨，仿佛明年就要进入元宇宙世界，却低估长远可以达到的效果，例如三十年前谁能想到互联网会如此地改变我们的生活。所以，那些以为元宇宙很快就能成真，热心于短期炒作的人注定会被割韭菜，而忽视元宇宙未来前景的人又将错过财富的窗口。

## ↑↑比特币能够成为货币吗？

很多东西都具有货币属性，但是，好的货币首先要能够有效发挥交易媒介、价值尺度职能。这要求币值具有稳定性。好的货币，既不能因为滥发而出现通货膨胀，也不能因为供给不足而出现通货紧缩。同时，当经济需要减少货币量的时候，还能有效减下来。

不做深入分析，好像法币是一种好货币。特别是纸币，几乎没有生产成本，据说避免了浪费，而且货币量可以通过货币政策工具，根据需要扩张和收缩，似乎很理想。

但实际上，法币是违反人性的，与经济学的公理假设，也就是与约束下利益最大化公理相违背。人都追求自身利益最大化，通过产权保护和市场竞争，可以把追求私利和实现公共利益兼容起来。可是在法币制度下，货币当局既不享受维护货币稳定的收益，也不受市场竞争的约束，他们怎么有不超发货币的激励呢？如果是纸币，由于不受生产成本的约束，那么就更难约束其超发了。从实践来看，全世界没有任何国家约束得了法币的超发。

无论从经济理论来看，还是从经济实践来看，只有自然法则才能确保不滥发货币。

（1）货币非国家化。放弃国家垄断货币发行，让货币生产像其他商品的生产那样，展开充分的市场竞争。如果行政垄断不能生产好的产品，又怎么可能生产好的货币呢？

主流经济学为什么没有旗帜鲜明地反对国家垄断货币发行，相反，还接受货币的国家行政垄断呢？我猜测，很可能跟他们没有正确的垄断理论有关系。他们认为垄断存在无效率，应该反垄断。可是货币的价值尺度职能又要求货币具有唯一性。因此即使在自由货币制度下，也会产生垄断。反正都是垄断，反正都存在无效率，还不如让政府垄断货币的发行算了。

但实际上，普通垄断和行政垄断是根本对立的两个东西。普通垄断是普遍产权保护的结果，是市场竞争的产物，行政垄断则是破坏普遍产权保护的结果，是反市场竞争的产物。普通垄断不是问题，市场上每个人都在追求垄断的机会，这样的垄断，越垄断，越有效率。成为问题的其实是行政垄断，唯一应该反对的是行政垄断。

总而言之，没有正确的垄断理论，就不可能建立完备、兼容的货币理论。

（2）生产成本等于货币价值，让超发货币变得无利可图。

人们追求成本最小化，但没有成本是否就好？未必好，因为成本是一种约束，让人为自己的行为承担必要的代价。没有成本，就没有办法从根本上约束货币超发。与今天的法币制度相比，金本位之所以能保障不滥发，正是因为黄金的开采需要巨大投入。

比特币的生产成本高，并且有其他货币与之展开市场竞争，特别是，比特币总数固定，只有 2100 万枚，这可以从根本上保证其不被滥发。但是，数量固定恰恰又成为比特币货币化的最大障碍。因为货币需要有弹性，要求货币量能够随着经济中商品和劳务的增加而增加。如果比特币的数量真是固定不变的，那么它就不可能成为好的货币。

有人说：地球上的黄金数量也是固定的，比特币总数只有 2100 万枚，这不正是比特币具有黄金的属性吗？但是，数量固定并不是黄金作为货币的优越性。黄金之所以退出货币功能，数量太少是原因之一。好的货币，要求供给有一定的弹性，但是弹性又不能太高。

好的货币还要求当经济需要减少货币量的时候，货币量能够有效减下来。当经济需要减少货币量的时候，金本位有自动调节机制来实现这一目标。理论上讲，法币制度下可以通过货币政策来减少货币量。虽然实际上总是发的多收回来的少，但是毕竟有办法将货币量减下来。

金本位是靠黄金的其他用途作为货币蓄水池，来自动调节货币量的。法币以中心化的银行体系为基础，通过货币政策来调节货币量。比特币既没有其他用途可以作为蓄水池，又是去中心化的，那么通过什么机制来保证，当经济需要减少货币量的时候货币量能够减下来呢？

这并不是说比特币就没有价值。其一，比特币可以储藏价值。其二，比特币可以作为规避政府管制、从事非法交易的手段。例如，人们可以通过交易比特币将钱从国内转移到国外，从而规避外汇管制。又如，人们可以利用比特币行贿及进行其他非法交易。从逻辑上讲，在资本管制严格、地下经济猖獗的国家，比特币交易会更活跃。但从目前和可见的未来看，比特币只是一种数字资产，其货币属性还很弱。

Facebook 拟发行虚拟货币"Libra"。"Libra"是一种以一篮子法币及政府债券作为 100% 储备而发行的数字货币。由于"Libra"的锚定物本身就是资产，因此在很大程度上，它具有金本位那样的自动调节货币量的机制。但是，由于它锚定的就是法币，因此并没有从根本上克服货币滥发的弊端。假如"Libra"必须经过政府的特许才可以发行，那么它与央行的盯住一篮子货币的货币制度就没有本质区别。不过可以肯定，"Libra"比比特币具有更强的货币属性。

以我有限的理解能力看，金本位还是最好的货币制度。可能有人会说黄金供给不足，有通货紧缩的困扰。不过这不是问题，可以实行金、银本位来增加货币商品的供给。再不行，可以实行金、银、铜本位。如果认为这样的复本位不好，也可以直接用铜本位，甚至锡本位。

当然，不排除随着技术进步，基于区块链的数字货币能够成为好的货币。但原理不能例外，无论什么货币形态，既不能因为滥发而出现通货膨胀，也不能因为供给不足而出现通货紧缩，同时，当经济需要减少货币量的时候，货币量还能够有效减下来。这三条是必须要满足的。

## ↑↓ 区块链发展前景如何？

按照通行的定义，所谓区块链，就是一个又一个区块组成的链条。每一个区块中都保存了一定的信息，它们按照各自产生的时间顺序连接成链条。这个链条被保存在所有的服务器中，这些服务器在区块链系统中被称为节点，它们为整个区块链系统提供存储空间和算力支持。如果要修改区块链中的信息，必须征得半数以上节点的同意并修改所有节点中的信息，而这些节点通常掌握在不同的主体手中，因此篡改区块链中的信息是一件极其困难的事。

和传统网络相比，区块链具有两大特点：一是数据难以篡改，二是去中心化。基于这两个特点，区块链所记录的信息更加真实、可靠，可以帮助解决人与人之间互不信任的问题。

那么，这个认识对不对呢？应该说，它更多是技术的视角，没有融入经济学的考量。经济生活必须服从效率原则，就是说，必须收益大于成本，而不能反过来。

　　信任问题绝不是今天才有的，自人类产生以来它就一直存在，因此人们必定找到了有效的解决办法，否则就活不到今天。在农贸市场上，卖肉的和卖肉的聚集在一起，卖菜的和卖菜的聚集在一起，为什么？彼此竞争，消费者才相信你没有卖高价。京东承诺七天无理由退货，格力承诺保修六年，这就是在解决信任问题。拼多多上的东西质量参差不齐，尤其需要解决信任问题。它的办法是先用后付款：这下你相信我了吧！台积电替人代工芯片，芯片可不是衣服、鞋子，其中包含着富可敌国的技术，不解决信任问题，别人凭什么敢让你代工呢？

　　市场上已经出现了不胜枚举的解决信任问题的办法，区块链要想以解决信任问题而立身，就必须比别的方式效率高、成本低。但区块链的问题恰恰在于效率低。要在每一个节点都记下信息，并形成共识，这不仅需要占用资源，更需要算力，因而是一件高成本的事情。如果成本大于收益，比如价值 1 元的事需要花 10 元来确认，那么这个交易是进行不下去的。

　　因此，假如有人说他通过区块链卖鸡蛋、卖茶叶，杀鸡用牛刀，大抵是假的。并非鸡蛋、茶叶就是假的，而是他的区块链不可能真，他只是在借区块链营销自己的鸡蛋和茶叶。

　　**区块链只适用于低频高价的交易**。比如，现在银行国际间转账是通过中心化的 SWIFT 系统完成的，假如某些方面不符合美国的规定，就有可能受到美国政府的制裁，因此存在不

区域链记录的信息更加真实、可靠，人们就会用它解决信任问题吗？

小的风险。那么银行就可以通过区块链技术来进行交易：第一，银行数量并不多，节点有限，效率损失也就不会太大；第二，银行间交易额度大，有能力分担高成本。当然，各国政府会不会允许自己国家的银行通过这种方式转账还是一个问题。

区块链最有应用场景的恐怕还是数字货币。自从1973年货币与黄金脱钩后，人类货币就进入最不稳定的时代。即便天才如弗里德曼，当年也认为纸币发行成本低，可以避免浪费，却忽略了假如可以低成本发行货币，又怎么保证不超发呢？因为货币超发而对经济的伤害，实际远远大于所谓的发钞成本。

天下没有免费的午餐，其实天下也不能有免费的午餐。要避免货币超发，唯一可靠的保证只能来自自然法则的约束，也就是成本的约束。区块链的高成本正好是货币不能超发的保证。货币被高频使用，又是非消耗品，其稳定还对经济至关重要，因此值得高成本生产。

但比特币并不是好的货币。货币币值须稳定，因此货币量需要和经济维持大体一样的增长率。

有人强调区块链在产品溯源上的作用。区块链只保证链上数据的真实性，可是线下部分怎么保证？而如果能够确保线下部分的真实性，那么其他方法照样可以解决溯源问题。

其实，并不是中心化就必然和信任矛盾。当年中国牛奶因为奶农分散，质量难以提高，后来改成奶企自己养牛，质量很快就改善了。美国的食品安全相对较好，一个重要的原因也是其食品行业的大企业多。分散的超市、酒店难以让人信任，连锁起来就能够让人们放心。消费者在购买东西的时候完全不用管那些具体商家的信用，只要相信淘宝、京东、拼多多就可以了。这些都是中心化反而提高信任度的例子。

中心化的法币让人们深感信用缺失之痛，但这并不是中心化的错，而是行政力量阻止他人进入从而无法形成有效的市场竞争的错。这其实还是一个垄断有没有效率损失的问题。只有行政垄断才有效率损失，普通垄断则没有。例如，微软垄断了个人电脑操作系统，但其信用很好。

人类经济活动的一般逻辑恰恰是集中。城市化不就是中心化吗？中心化能提高效率。淘宝之所以有效率，就在于它干掉了分布在交通节点上的实体店，形成更大的中心。况且，信息需要集中才能产生价值。数据分散在个人手中没什么意义，集中到淘宝，就能产生巨大的能量，因为数据不是生产力，算法才是。比特币的确可以点对点交易，可是以什么价格交易呢，不还得通过交易所集中形成价格，然后再交易吗？

另外，区块要全网公开，说区块链比中心化更有隐私性，恐怕也令人可疑。

我这样讲，绝不是否定区块链的价值。和传统网络相比，区块链提供了更高的安全性和透明度，确保了数据的不可变更性，它推动人类社会建立基于加密算法而无需人工干预的新型信任机制。不过我们也要明白，好东西往往也昂贵，因此并不必然就能大范围应用。但是从长远来看，又不能排除技术进步可能大大降低去中心化的成本，而随着数字化的全面实现，区块链溯源最困难的线下真实性问题也就能够有效解决，到那时，区块链有可能被广泛应用。

## ↑↑短视频因何异军突起？

以移动智能终端为传播载体，依托移动社交平台与社交链条，播放时长在数秒到数分钟之间，具有这些特点的视频内容产品（简称短视频）正在快速流行。

中国互联网络信息中心（CNNIC）第 48 次《中国互联网络发展状况统计报告》显示，截至 2021 年 6 月，我国网民规模达 10.11 亿，互联网普及率达 71.6%，网络视频（含短视频）用户规模达 9.44 亿，占网民整体的 93.4%，其中，短视频用户占网民整体的 87.8%，以 8.88 亿的规模占据"C 位"，短视频逐渐成为移动时代的一种常态表达方式。

那么，短视频为何能在短时间内异军突起呢？

第一，短视频信息成本低。相比传统的图文，短视频信息量大、表现力强、直观性好。传统的图文广告可能要花 3—5 分钟才能让观众了解到产品，短视频却可以用短短的 15 秒就能让观众认识到产品。另外，短视频增加了个性推荐，这极大地节省了信息的搜寻成本。

第二，短视频准入门槛低。文章对阅读能力要求很高，但几分钟的视频动动手指就行，完全无脑操作，结果就是受众大范围增加。阅读量达到 10 万＋的公众号文章算是爆款了，但是一个短视频有 10 万的播放量是非常容易的事情。从生产角度讲，能写文章的肯定不多，但几乎人人可以录制视频。老师可以录讲课视频，医生可以录手术视频，司机可以录沿途见闻，农民可以录接地气的日常生活，喜欢宠物的可以录自己和宠物的互动视频……

第三，短视频试错成本低。录制者不需要雇员工、租场地，不需要每天一睁眼就欠几千元钱，不需要担心万一失败愧对谁，只需一部手机，把想表达的表达出来，所以几乎零成本。

第四，短视频对新人友好。短视频基于大数据和算法分发优质内容，因此不论你是新人还是老人，只要你的内容有价值，都可以利用算法来击中更多的用户，根本不用担心别人看不到。很多人不知道，从算法上来讲，短视频是更有利于新人的，因为任何一个平台都不想自己的内容固化，同样的内容质量，它会优先倾斜新人，给新人更多的机会。

第五，短视频完美地符合了创业中的流量思维，也就是你不需要先有产品再去找客户，而是先有客户再去找产品。只要你有流量，自然就有无数的对接方式，你就一定可以变现。很多人做生意为什么失败呢？因为他们先有产品再去找客户，而客户分散在千千万万的角落里，寻找客户的成本太高了，高到一直把你拖垮。但短视频不一样，它可以利用兴趣、利用优质内容，以极低的成本抵达潜在客户。

第六，短视频利用用户的大量碎片化时间，有更强的时间粘性，并且通过弹幕、评论、分享进行社交互动，让短视频具备了病毒式传播潜力，大大增加了短视频的影响力。

我曾不止一次听人讲，抖音就是无聊的嬉闹，没有任何营养价值。这种说法虽有一定的道理，但讲话的人显然忽视了：对于商业来说，没有什么比流量更重要。流量越大的地方，越能建立充满活力的生态系统，就越有基于这个生态系统去建立无限商业连接的可能性。

短视频正在重构传统商业。例如，你以前是个卖书的，租了个门面，卖的是商品，现在你可以拍讲书的视频，你卖的是专业度，卖的是信任感，这是有本质区别的。再如，淘宝是你知道要买什么，才去搜什么，随时随地想淘就淘。问题在于，如果你不知道自己该淘什么，或者你明明需要但是不知道叫什么名字，该怎么办呢？抖音不一样，哪怕你不知道该买什么，它也能帮你猜出来，根据你的需要去精准推送。

在淘宝上你买到的几乎全都是物理实体，比如一件衣服、一部手机、一副眼镜。但是抖音不一样，除了这些，它还有大量的虚拟商品、知识付费，你可以买到一个英语课程，可以参加一个健身社群，可以融入一个行业圈子。其商品的数量比淘宝大了 N 倍，交换的可能性就大了 N 倍，生态系统也就大了 N 倍。如果淘宝只是实物商品的 1.0，那么抖音就是全部商品的 2.0。

尼葛洛庞蒂说，每种技术，既是一种恩赐，也是一种包袱，即不是非此即彼的结果，而是利弊同在的产物。短视频的兴起不只在于其提供的内容，更在于它传递的符号、情感价值，迎合了受众简单快乐的文化追求，拓宽了信息传播渠道。不可否认，当前短视频以泛娱乐、泛生活内容为主要的流量入口，但未来随着消费水平的进一步升级，用户对垂直细分领域的优质内容会产生更大的需求，内容生产行业将出现一批垂直领域的短视频平台，内容将更加深化，用户群体将更加具有共同兴趣，因此精准营销也将更加具有商业价值。

## 数字与实体融合是大势所趋

马云讲："在当今巨大的不确定性当中，有一件事是无疑的，那就是数字化是最确定的巨大机遇。过去是电子商务，今天是用数字技术加大研发，来降低企业的推广成本、渠道成本、人力成本和管理成本。在数字化的进程中，最大的受益者将不是互联网企业，而是那些用新技术改变自己的传统企业。"

**数字经济是信息经济的升级，是融入了算法的信息经济。**举个例子。我二十多年前的博士论文，讨论的是计划经济国家转轨市场经济的话题，现在需要的人已经很少了，如果没有互联网，是不可能在市场上售卖的，但因为有了互联网，还可以买到。互联网信息技术可以把分散在各地的小众需求汇集起来，所以即便是小众商品，也可以形成市场交易。数字经济则不只这些，消费者的网上行为会以数据的形式被记录下来，商家通过大数据分析，就可以确定消费者的偏好，然后有针对性地向消费者推送其可能需要的商品。

如上所述，**数字化大大降低了搜寻成本（交易费用），更有效地匹配了供需双方，从而提高了交易效率，扩大了交易范围**。这是数字化在流通领域的应用。

数字化给金融业带来了革命性的变化。众所周知，金融的本质是信用，而由于信息不对称，人际互信并不天然存在。项目能不能赚钱，当事人了解，其他人就不那么了解。想融资怎么办？就得拿资产做抵押。于是，如果没有可抵押的资产，即便好项目，也没有办法融到资金。例如，种粮大户急需一笔钱，尽管粮食涨势喜人，但因为土地所有权不属于自己，因此无法用其做抵押向银行融资。但在数字经济下，银行就可以利用卫星遥感和图像识别技术，帮助种粮大户拿农作物作为抵押，获得贷款。事实上，网商银行就在开展这样的业务。马云甚至认为：过去的金融体系是企业找钱，新的金融体系让钱找人，去找企业，找好企业，而要做到这一切，核心是靠智能，靠大数据，靠云计算和区块链。

在交通领域，可以通过传感器搜集信息，进行实时数据分析和交通流量管控，以缓解高峰时段的交通拥堵以及定位交通事故。例如，近几年杭州的汽车拥有量比过去多了不少，然而交通拥堵反而有所改善，就是大数据管理交通的结果。

在医疗领域，数字化应用成效更加显著。例如，一位患有癫痫的 9 岁患儿需要做颅内肿瘤切除手术。病变位于脑组织深部功能区，定位困难，血管丰富，手术难度极大。在传统方法中，医生在看到二维片子之后，需要通过空间想象来叠加，难免误差大。新的 MR 技术被用于术前规划和术中监控，患儿的病变位置、血管、组织都以 3D 形式清晰地呈现在医生眼前，不仅大大提高了手术的精度和安全性，而且缩短了手术时长。

在生产领域，数字化具有更加广泛的用途。用智能机器人替代工人可以大大提高效率、降低成本，这已经成为人们的共识了。那么，智能机器人工作的前提是什么呢？是数字化！

在农业生产中，利用传感器检测土地成分、温度、湿度、风力等，收集参数构建农业大数据平台，帮助管理者进行农业科学管理。在制造业中，以 GE 为例，它利用 Predix，不仅实现了飞机发动机生产过程中的调优，基于终端信息采集，还实现了飞机飞行过程中的"自愈"。随着数据的记录、整合、处理的成本大大降低，定制化生产越来越具有可行性。如马云所说：未来的服装工厂接 1 万件衣服的订单不是能力，能接 1 件衣服的订单才是真正的能力。

未来的跨境贸易建立在全球支付、全球物流、数字化通关等新的基础设施之上，不再是跨国公司和集装箱，而是中小企业和小包裹。目前，微型跨国企业异军突起。这样的企业有多小？最多百人，最少两人。跨国企业变小的背后，是数字技术渗入国际贸易的各个环节。

**数字技术和实体经济正在擦出越来越多的火花。**一是互联网企业加速和制造业企业的融合，比如蚂蚁链的软硬件工程师就"扎"进了奇瑞，帮助其租赁商务车实现数据化并上链，从而获得金融服务。二是大量互联网技术人才跳槽到制造业中，寻找科技新的落地商用机会，如用人工智能技术改进传统的生产工艺，将自动驾驶技术引入矿区、港区、园区以及机场。

数字化服务商将成为下个风口，因为平台企业往往只能提供标准化获客或者营销手段，但不同行业的中小企业都有自己的需求，如家政维修公司需要服务人员的排班系统，瑜伽馆需要课程预约系统，餐饮需要从订位到后厨的全流程解决方案。

越来越多的信息得以数字化，由此极大地降低了连接、生产、交易、决策、信任的成本，带来巨大的社会价值。继消费互联网之后，产业互联网将是数字化进程中的下一个星辰大海。马云说：过去我们看一家企业的规模时看它的用电量，今后我们要看它的数据使用量，看他动用了多少万物互联的数据，看数据在多大程度上驱动了生产，驱动了管理，驱动了市场。

# 从 Web3.0 看商业的逻辑

一场新的技术革命正在颠覆我们的生活，它就是 Web3.0，也叫第三代互联网。

Web3.0 有多重要呢？在资本层面，以红杉、软银为代表的一大批投资机构重金押注，红杉更是一口气投了 20 多家 Web3.0 公司。在人才层面，一批互联网大厂的高管和程序员正在以裸辞的方式奔向 Web3.0 去创业。在国家层面，美国发出必须保证 Web3.0 革命发生在美国的呼声，日本更是表示要举全国之力推动 Web3.0 的发展。这一系列的信息表明，越来越多的人开始接受 Web3.0 概念了。

那么，为什么 Web3.0 这么有吸引力？

其实 Web3.0 并不是新鲜概念，早在 2006 年，互联网圈就已经开始对 Web3.0 的讨论了。让这个概念在这两年翻红的是美国前任总统特朗普。2021 年，在美国总统大选期间，特朗普被推特禁言了，人们这时才意识到，一个在任的美国总统在自己的国家居然失去了发声平台。这个禁言的行为，就是 Web1.0 和 Web2.0 时代的最大问题。

Web1.0 被称为可读的互联网，这个时期的代表企业有搜狐、网易、新浪等传统的门户网站，用户只能阅读这些网站发布的信息，自己不能发布信息。

Web2.0 被称为可读 + 可写的互联网，这个时候人人都是创作者，用户不光可以阅读新闻，还可以发表观点和见解。我们之前有过的博客、天涯论坛，现在的微博、微信公众号、抖音等新媒体平台，都是 Web2.0 时代的产物。

虽然 Web2.0 时代用户拥有了更大的权限，但是他们对各个平台上的账号只有使用权，没有所有权。即便是自己注册的账号，其信息数据依然是互联网公司的。比如说，飞行平台记录了你的商旅行为，社交平台记录了你的人际关系和互动特点，电商平台记录了你的购买习惯等，对于这些数据，互联网巨头可以无偿使用并从中渔利。不仅如此，假如某一天你手机上某个常用的社交 App 突然倒闭了，或者被黑客攻击了，那么你过去发过的人生动态、建立的人脉资源、收藏的知识宝藏就会全部消失。这些问题促使越来越多的人开始关注数据安全问题，而 Web3.0 就是解决这些问题的。

如果 Web2.0 是可读 + 可写，那么 Web3.0 就是可拥有，它从根本上解决了互联网数据的归属问题。在 Web3.0 以后，信息将由用户自己发布、保管，不可追溯，且不会被泄露，用户的行为将不需要任何中间机构来帮助传递。具体来讲：

第一，用户不用在各个 App 上拥有多个账号，只需有一个全网通用的数字身份，一键登录就可以。也就是说，数据存储将不再依赖大厂服务器的集中管理，而会转为分布式存储，我们每个人的数据一旦形成，就很难消失。

第二，你所产生的任何数据、数字资产都只属于你自己。比如你创作的文章、编写的代码、画的画、写的歌等，都会以 FT 的形式储存在你的个人账户里，这就打破了平台对信息的垄断，改变了用户和平台的权利、义务关系。

第三，你的信息产生的经济利益将全部属于你个人，不会被互联网巨头分割。比如你在网上发布了一张旅行照片，有网友对你的鞋很感兴趣，于是点击查看了你鞋子的信息，这种广告曝光所带来的收益将会直接打到你的个人账户里。

第四，用户的消费权益将得到充分的保护。比如，你付费在某个网盘上存了不少资料，后来这个网盘公司倒闭了，你储存的资料也就跟着消失了。但是，如果使用独立的数字身份上网，你购买的网盘服务将被记录到区块链的节点上，即便这个网盘公司倒闭，你换个平台再登录，依然可以看到原来储存的资料。这一点，在付费影视剧、付费音乐、付费课程上是同样适用的。

Web3.0 带来的变革远不止以上四点，它的到来将改变互联网巨头的垄断地位，改变当前数字经济的运转规则，让普通用户拥有更大的话语权。现在人们对 Web3.0 还有很多争议，我在"区块链发展前景如何？"一节也指出：中心化有提高效率的作用，去中心化成本并不低。但是，我们观察互联网的迭代发展，每一次创新最开始都不会一帆风顺，都会经历看不懂、看不上和赶不上的阶段。考虑到技术进步会降低去中心化的成本，那么上述发展方向大体上就是符合经济学逻辑的。

马云讲过，哪里消费者有痛点，哪里就存在商业机会。在 Web2.0，用户不能拥有自己数据的所有权，需要用户在很多地方开设账户，数据可能无端丢失，并且这些无疑都是消费者的痛点，因此克服它们自然代表了未来的发展方向。

商业的逻辑到底是什么？经济学鼻祖亚当·斯密讲得很清楚，就是通过利他来利己。商业坚持自愿原则，商家要想赚钱，当然就得千方百计讨好消费者，让消费者从中受益。所谓市场竞争，本质上就是商家竞争谁能以更低的价格让消费者满意，消费者竞争谁能以更高的价格让商家满意。Web2.0 让消费者有痛点，就有人开发 Web3.0 来消除这些痛点。

互联网的这个迭代发展也很好地证伪了传统的垄断理论。互联网平台的垄断属性最强，可是只要没有人为的准入限制，Web2.0 仍然要面临 Web3.0 的竞争，垄断消除竞争从哪里说起呢？

# 高科技产业的信息陷阱

　　从技术层面来讲，经济发展主要决定于资本积累、产业结构和技术进步三个方面。在这三个方面中，技术进步最根本、最重要。这是因为：没有技术进步，人们的投资报酬就会递减，其积累的意愿就会下降，也就无法维持高水平资本积累；没有技术进步，产业结构就不能高级化，产品就不能升级换代。因此，看一个国家经济发展的潜力如何，只需要看这个国家技术进步的潜力有多大。

　　技术进步有两个来源，一是创新，一是引进。从经验来看，技术创新不仅投入大，而且风险高。国际上大的跨国公司每年要花费几十亿美元用于新技术和新产品的开发，然而只有5%左右的项目可以成功申请专利。在这些专利项目中，又只有十之一二最终能投入商业生产，给公司带来回报。可见，如果把所有的（包括失败了的和不能给公司带来回报的）研发全部算进去的话，新技术的研发不仅投入巨大、风险高，回报率也并不高。

这意味着，能够引进，就没有必要自己去创新技术。生活中，假如从别人那里购买商品和劳务更便宜，很少有人愿意自己去生产。可是一遇到技术，似乎就例外了，就要自己创新。殊不知，这是违反经济学原理的。从实践来看，那些大规模引进技术的国家，反而实现了更高的经济增长率。例如，改革开放的前 30 年，中国主要以技术引进为主，出口也多是劳动密集型产品，让我印象深刻的是，直到 2003 年，人们还在批评中国用 1 亿条裤子换 1 架波音飞机，然而恰恰在这 30 年，中国经济实现了平均 9.1% 的高增长。

**一个经济体的竞争力是由其比较优势决定的。**伴随经济发展，资本不断积累，人才储备越来越丰富，技术水平自然会提高，产业结构自然会升级。记得当年我在《裤子与飞机之争》一文中写道："中国当然不会永远拿 1 亿条裤子换 1 架波音飞机，但是急不得的。昨天，我们用猪鬃、矿石交换美国的电视机、电冰箱；今天，我们用裤子交换美国的飞机；将来，可能我们只能用自己生产的电视机、电冰箱去交换美国的飞机；在更远的将来，可能我们只能用自己生产的飞机去交换别的国家生产的裤子——经济的发展可不是以我们的主观意愿为转移的。"

**拔苗助长并不恰当，和自身条件相适应的才是最好的技**

术。例如，一个国家存在大量剩余农村劳动力，那么大规模机器替代人就没有必要。又如，一个国家的劳动者受教育程度低，掌握不了先进的技术，那么技术太先进也可能适得其反。商业的事，并不是产品质量越高越好，更不是技术越先进越好，赚钱才是硬道理，最赚钱的就是最好的。

当然，随着和发达国家之间的经济差距越来越小，技术模仿的空间也会越来越小，创新必然会提上议事日程。但是，不是有创新的愿望，创新就会发生。创新是有条件的。

最重要的一个条件是思想市场。发展经济需要要素市场和产品市场，创新也需要市场，即思想市场。多年前，科斯就告诫我们，中国要想延续经济增长的强劲势头，必须培育思想市场。

另外，创新风险大、监督成本高，这就需要创新者拿自己的身家性命去闯，成功了享受受益，失败了承担代价。而如果花的不是自己的钱，那么就有可能过度冒险，或者明明没有创新的能力，也要骗钱去搞所谓的创新。因此，创新需要大力发展民营经济。党和政府强调"毫不动摇巩固和发展公有制经济，毫不动摇鼓励、支持、引导非公有制经济发展"，这是完全正确的。

政府有没有必要特殊扶持高新产业？没有必要。首先，扶持的钱不会凭空产生，只可能来自对其他企业的征税，扶持

一个经济体的竞争力是由其比较优势决定的

一部分企业，就是对其他企业的间接伤害，这有违政府普遍保护产权的职责。其次，要扶持的必定低效率，能征税的必定高效率，损害高效率补贴低效率，不符合经济学原理。再次，从实践看，扶持的成功案例远远少于失败案例，得不偿失。

如果一定要搞产业扶持，也应该选择通过税收优惠和事后采购的方式，而不是直接的产业补贴。因为高科技的监督成本高，假如采用产业补贴的形式，那么就会出现大量骗补的情况。这不只是浪费了财力，比如为了骗补建厂房、买设备、雇人员，还会拉高要素成本，给那些真心搞创新的人制造困难。真正做高科技的企业，没有精力也不敢做表面文章，否则露了馅，声誉会受损，而假公司没有这样的成本，越是假的公司，越有激励吹大牛、贿赂官员和专家，市场上就会出现逆淘汰。

政府补贴高科技企业，客观效果却是打击了高科技企业的发展。所以董明珠说，科技创新不需要政府的特殊扶持，只需要有公平竞争的环境。像一些军用品，政府是唯一的购买方，但也没有必要事前提供财政支持，完全可以只公布采购额以及技术要求，然后让企业彼此竞争，政府挑选最好的产品购买即可。

最后，越是高科技，越需要参与全球分工。亚当·斯密早就讲清了效率提高来自分工和专业化的道理。我们必须明白，任何国家都不可能在所有方面都领先他人。例如，即便如今创新能力相对更强的美国，也不可能独自生产出最先进的芯片。参与全球分工，不仅仅是效率的需要，还能给我们提供安全保障。我们要牢牢记住，一个人发财是发不了大财的，让更多的人一起发财才能最大限度地发财，而让他人赚钱，是我们确保自身安全的最有效的手段。

## ↑ 环保是面产品品质镜子

你去参观一家企业，在不熟悉生产流程的情况下走马观花一圈，能对企业做出正确评价吗？

设想，你去参观一家生产人造板的企业，脑海中会浮现怎样的场景？

至少应该是工人忙碌、机器轰鸣，空气中飘满粉尘并且混合着胶水的味道。或许，你还要盘算，要不要戴个防尘口罩，要不要戴个鞋套，以防把鞋弄脏了。

2019 年 8 月 3 日，我有幸参观了广西丰林集团。

这是一家生产人造板的企业。去参观之前，我已有耳闻，丰林是一家现代化程度很高的企业。但我想，再怎么现代化，一个生产人造板的企业，还不得机器轰鸣、粉尘弥漫？

这个占地 400 多亩的企业，总共只有 180 位员工，路上、厂房内，几乎见不到人。这一点并不令我震惊，毕竟，自动化生产已经成为一种潮流。令我震惊的是，整个工厂一尘不染，闻不到半点异味。

注意，我说的不是办公区、生活区，而是一线的生产车间。

他们的设备进口自德国、日本、瑞士等国家，都是世界上最好的。

他们的环保标准不但远高于国家，还高于欧盟。颗粒物排放标准，中国为每立方米 120mg，欧盟为每立方米 30mg，而丰林集团的在每立方米 10mg 以下。在这个标准下，空气中的颗粒物含量已经比正常空气中的颗粒物还要少。

如此环保，需要巨额投入。那么，在一个高度竞争的行业里，这家企业是如何胜出的呢？

集团董事长刘一川先生的一席话，刷新了我的耳目。

他说："因为环保做得出色，各方面规范、信用良好，企业获得了三次世行的贷款，年化利率只有 0.7%。这个融资成本比国内企业低太多了，而且不需要勾兑。"

他说："丰林集团总是留有余地，能够扩张十分，也只扩张九分，始终保持足够的现金流；做企业难免会遇到各种困难，遇到困难怎么办？第一时间如实告诉合作方，求得理解。"

原来，很多人不重视的信用竟如此值钱，环保也能带来收益。国际资本喜欢这种"傻"企业。

其实，收益不只是获得世界银行的低利息贷款，环保又何尝不是高质量的活广告。

经济学家阿尔钦曾经问他的学生一个问题：为什么优质的红苹果会销往外地？他的答案是：因为要承担一笔固定的运费，只有运送优质的红苹果才是划算的。

假设有普通和优质两种苹果，普通苹果1元钱一个，优质苹果2元钱一个。你吃1个优质苹果，就得放弃2个普通苹果，即1个优质苹果的成本是2个普通苹果。

如果把苹果运到外地，就需要加一笔运费。假设运送一个苹果的运费是1元。由于普通苹果和优质苹果的重量一样，体积也一样，因此它们的运费也一样，都是1元。运到外地后，普通苹果的价格变成2元，优质苹果的价格变成3元。现在你吃一个优质苹果需要放弃几个普通苹果？只需放弃1.5个普通苹果。

如果运费不是1元，而是10元，那么运到外地后，普通苹果和优质苹果的价格分别为11元和12元。现在你吃一个优质苹果，又变成只需放弃1.0909个普通苹果。

如果运费不是10元，而是10000元，那么普通苹果的价格是10001元，优质苹果的价格是10002元。这个时候你会发现，你吃一个优质苹果，付出的代价只是1.00009个普通苹果了。

这说明，随着支付的固定运费不断增加，优质苹果的价格会越来越接近普通苹果的价格。价格一样，消费者会选择吃优质苹果还是普通苹果？那么，你是选择运送优质苹果还是普通苹果？

如果要支付一笔巨额固定费用，那么商家必定选择生产高品质的产品。

今天出本书很简单，但在古代，出书可是一件非常不容易的事情。那么请问：是古书的质量高，还是今天的书的质量高？平均来说，一定是古书的质量高。

那我再问：是古书上的文章质量高，还是古碑上的文章质量高？因为把文章刻在石碑上，远远比写在纸上难、成本高，因此古碑上的文章的质量一定比古书上的文章的质量高。

还可以观察到无数的因为巨额固定费用支出，而选择高品质商品和服务的例子。

给定一匹好马，可以给它配好鞍，也可以给它配一般的鞍。由于好马是一笔高昂的固定投入，在此前提下，好鞍相对于一般的鞍变得便宜了，所以，好马必定配好鞍。一家企业，敢于在环保上巨额投入，做到零排放，其产品质量一定是过硬的。

有很多企业高价聘请明星代言。这当然有其道理，因为明星不是年轻帅气，就是漂亮迷人，容易被人记住。但是，像丰林集团这样一个做人造板的企业，能把车间做到一尘不染、没有一点异味，这不就是一部活广告吗？哪怕是不懂经济学的人也会明白，不打算修百年的房子，是不会打百年地基的。一家企业，肯在环保上如此投入，必定是一家有恒心的企业！

## ↑↑台积电背后的经济学启示

要说地球离不开哪家高科技企业，还真的不多。这其中，台积电可以说是最显著的那个。根据台北研究机构 TrendForce 的数据显示，2020 年，台积电在全球晶圆代工市场中的占有率高于 50%，也就是说，全球每两块芯片中，就有一块是由台积电代工制造的。更要命的是，台积电还是全球仅有的两家能够制造 5nm 以下先进制程芯片的代工厂之一。

1986 年，从德州仪器三把手退休的张忠谋，放弃了"一幢房、两部车、三条狗"的安逸退休生活，受孙运璿之邀，到台湾工研院任院长。随后，工研院主导与荷兰飞利浦共同成立一家半导体制造公司，并交由张忠谋和一帮工研院出身的工程师筹办，台积电由此成立。

今天说起台积电的成功，很多人容易想到台湾当局的产业扶持，以及由于当年日本发展得太快，威胁到美国，所以美国对日本产品征收关税，从而帮助了台积电。尽管很难否定这些理由，但严格来讲也很难验证。毕竟，得到政府产业扶持的企业多了，为什么只有台积电取得巨大成功？美国对日本征收关税，并不只是台积电受益，为什么其他企业大都没有成功呢？

其实台积电最大的创新并不是生产技术的创新，而是商业模式的创新。在台积电官网的公司介绍中，第一句话写着：台积电开创了专业集成电路制造服务商业模式。这便是台积电和整个行业对于其贡献的认知。

从芯片的设计、生产，到封装、测试，通常都是整个流程分工合作，各司其职，即一家企业只负责一个部分。今天我们对这个模式已经耳熟能详，甚至视为天经地义，但在台积电之前不是这样的，那时都是一家企业把这三个活都包了，也就是现在我们常说的 IDM 模式。

台积电开创了代工厂模式，只负责生产客户所设计的芯片，自身既不设计，也不销售芯片，就是说，它根本就没有自有品牌的芯片产品。这其实就是亚当·斯密所讲的分工和专业化。

早在两百多年前，斯密就明确指出了分工和专业化是效率提高的源泉。迈克尔·乔丹玩篮球像耍魔术，这有其天赋的因素，但更重要的是他心无旁骛，专职于打篮球。专职做一件事，就能产生熟能生巧的效果。在东莞的一家洋娃娃生产车间，工人们用油漆画好眉毛和嘴唇后，头也不回直接扔到背后的篮子里。由于新刷的油漆会粘连，因此他们需要确保不能扔到前面刚抛下的油漆还没有干的娃娃身上，而他们都能准确做到。可是即便是篮球世界冠军，背对着也未必能将篮球投入篮圈中。这就是熟能生巧，跟天赋没有太大关系。爱因斯坦之所以能成为最伟大的物理学家，还是源于他专职研究物理学。所以，知识的爆炸同样来源于分工和专业化。

今天我们习惯于按照比较优势分工和专业化的说法，但实际上斯密的分工思想远比这深刻。斯密的意思是：分工不需要事前的差异；即便事前没有差异，也可以分工，通过专业化照样能够提高效率。台积电的起点并不高，甚至算是比较差的，然而能够做成最好的芯片代工厂，这是斯密分工思想的胜利。斯密生活在手工业时代，但他见微知著，见到一粒沙子，就看懂了整个世界。他看到了分工和专业化带来的工业革命，看到了今天的台积电。

当然，在 IDM 模式下，企业内部也会有分工和专业化，如有的部门专司设计，有的部门专司生产，有的部门专司封装和测试。但这和代工是无法比拟的。代工是企业间的分工和专业化，范围更大，深度更深，可以获得更大的规模经济，无疑效率也会更高。

企业之间的分工早已有之，然而，为什么台积电之前没有在芯片产业出现呢？一个很重要的原因是信任。毕竟芯片不是衣服、鞋子，里面包含着价值连城甚至富可敌国的先进技术，谁敢轻易把这么先进、值钱的东西交给他人代工呢？因此，如果我们承认专业化是效率提高的根源，那么对于芯片这样的高科技行业来说，信用就是其更底层的成功逻辑，因为没有信用，企业之间就不可能进行分工和专业化，分工和专业化的深度和广度就会大打折扣。于是我们就能够理解，在台积电的十大经营理念中排名第一的竟然是诚信：他们提出"诚信高于创新"的口号，坚信好的道德就是好的生意，而张忠谋本人也被评为台湾地区最具诚信的企业家。

台积电专职做代工，恰恰能够确保不与客户竞争，从而取得客户信任。应该说，台积电之所以能得到苹果和华为等公司的信任，和代工这一商业模式密不可分。像三星，自己既生产手机终端，又负责其他手机厂商的芯片设计和生产，这种通吃的做法很难得到客户的信任。因此，我们有理由预期，至少在芯片生产上，三星大概率会被台积电甩在后面。

在代工的过程中，台积电自然掌握了不少芯片设计等技术。事实上，台积电就经常帮助客户优化芯片设计，但是它从来没有想过自己去搞芯片设计，它坚持"不去争客户的钱，而是帮客户挣钱"。因此，像 IBM、英特尔等巨头都把最先进的产品交给台积电做。凡是跟台积电合作的客户，无不跟其一起成长。例如，2004年台积电和当时的荷兰小厂阿斯麦尔（ASML）联手研发湿法光刻技术，台积电不仅完成技术突破，还帮助阿斯麦尔击垮日本佳能、尼康等行业巨头。在这个意义上，台积电又何尝不是斯密"利己利他"思想的胜利呢？利他是利己的最有效方式，越是利己，越要利他，基于利己的利他是实现社会繁荣最可靠的保障。

看懂了芯片生产的底层逻辑，我们就能明白：仅仅靠引进蒋尚义、梁孟松，甚至引进整个团队，都不能确保我们就能占领高端芯片制造的阵地，关键是信任以及在信任基础上的分工和专业化。乡镇医生会告诉你：大医院的医生水平高，因为病人源源不断到那里去，他们见的病人多，得到的锻炼多，好多病我们见都没见过，又怎么会治呢？如果做不到让人能够把最先进的产品放心让你制造，那么即便短期在芯片制造上取得了成绩，长期也必然会落后下来。

# 第五章

# 信息经济通论

## 信息是一种共用品

人类的产品可以分为两大类：一类由物质分子组成，叫物质产品；另一类由信息组成，叫信息产品。前者如粮食、衣服、手机、汽车等，后者如知识、发明、电影、音乐等。

一般来说，物质组成的产品，你用我就不能再用，比如一个苹果，你吃，我就不能再吃。但信息组成的产品不同，你用并不影响我也用，比如一首歌，你哼不影响我也哼，再如牛顿定律，可以所有人同时使用。

换言之，信息具有共用品的属性。所谓共用品，就是一个人使用不影响其他人也使用的物品。这个属性也叫非竞争性。与共用品相对应的是私用品。私用品最关键的特征是，一个人使用，其他人就不能再使用了。经济学把这个特征叫做竞争性。

共用品和私用品这两个概念特别容易让人望文生义。如果你以为私用品是私人使用的物品，共用品是大家使用的物

品，或者以为私用品是私人提供的物品，共用品是政府提供的
物品，那就大错特错了。

　　太阳底下没有新鲜事。以保险为例，现在有各种保险公
司，古代却没有，是不是古代就没有保险需求呢？不是。古代
通过养女儿，把女儿嫁得稍远一点，就能实现保险的功能、满
足人们的保险需求。娘家发生灾害，女儿家没有发生，于是女
儿可以接济娘家，反过来，女儿家发生自然灾害，娘家没有发
生，娘家又可以接济女儿家，这就是古代要搞媒妁之言的原因
之一。在传统农业社会，人们认识的都是本村本姓的人，不通
过媒婆的中介作用，就无法把女儿嫁得稍远一点，就无法实现
保险的功能。在传统农业社会，人们重视亲戚关系，而在现代
市场经济中，亲戚关系就淡漠了很多，反映的正是市场对于亲
戚关系的替代。

　　同样，信息也不是今天才有，而是自古就有，更不是今
天我们讲信息经济了，信息才重要，信息自古就重要。在原始
社会，一个人拥有的关于哪里有清洁水源、哪里食物丰富的知
识，对族群的生存至关重要。在军事行动中，信息的收集和传
送甚至是战争胜负的决定因素。

　　文字的发明，纸张和笔墨的生产，书籍的写作与印刷，
就是传统的信息经济。古驿道既是物质运输的通道，也是信息
传播的"高速公路"。

物质产品在交换中不会增加，但知识思想会

物质产品在交换中不会增加，但知识、思想在交换中会增加。你有一个苹果，我有一个苹果，交换后每个人仍然只有一个苹果。若你有一个思想，我有一个思想，交换后我俩就都有两个思想，因此有知识大爆炸的说法。

山还是那些山，水还是那些水，为何古代贫穷、现在富有？一个重要原因是，现在多了利用资源的知识和技术。我曾质疑一位汽车工程师：模仿不会吗？他说：就算把图纸给你，你也造不出一模一样的车，因为工艺不一样。可见，每一种产品的背后都有某种知识、技术在做支撑。从一定意义上讲，人类社会的生产，就是知识、技术的生产；财富爆发增长的背后，其实是知识、技术的爆发增长。互联网大大降低了信息传播成本，故必使财富快速增长。

信息技术深刻影响着生产生活方式。今天，组织扁平化、生产定制化、新商业模式层出不穷，就是信息经济的产物。大量自由职业者的出现也是信息经济的产物。互联网普及后，我们每天阅读最多的已经由书本变为社交网络，文字的意义正在潜移默化中变迁，从而导致思维的变化。当封闭转向开放时，人的思想力得到了空前的释放，信息就成为社会的第一生产力。

反过来，物质资本又深刻影响信息的生产和传播。在纸张发明前，人们只能把文字刻在石碑、竹简上，或者写在丝绸上，成本非常高，文言文尽管容易产生歧义，但因为简洁，仍然是当时的官方文字。纸张出现后，信息传播成本大幅下降，白话文于是才可能流行开来。随着物质技术进步，今天传播信息的语言变成电子信号，信息可以被记录在 RRAM 材料上。

信息如此重要，为何直到 20 世纪人们才谈论信息经济呢？因为信息具有非竞争性，一般来说收费比较困难。一个苹果，你吃，我就不能再吃，他人很难免费使用。而信息，你使用并不影响我也使用。一个好的创意，你买了，我可以免费使用，你就没有积极性买，发明者也就没有发明的积极性。这个特点使得信息产品的生产、定价、销售（传播）有其特殊性。例如，需要专利、版权等制度协助其定价，又或者只有当物质技术达到一定程度，信息产品的生产才可能成气候。如只有移动支付成熟了，自媒体才可能迎来爆发式增长。

今天我们谈论信息经济，一定要懂得信息的过去、现在和未来。事物会随着环境条件的变化而呈现不同的具体形态，一般来说，贯穿于过去、现在、未来的共通的东西才是该事物的本质。只有充分理解了信息的本质，才能真正理解信息技术对于传统工商业带来的革命性影响。一个时代有一个时代的财富逻辑，我们应该读懂其中的逻辑，把握其中的商机。

# ↑↑信息的间接定价方式

　　信息跟普通物品一样是稀缺的，因而有价格。比如，中介就是靠经营信息来赚钱的。但信息的定价有一些特殊困难的地方。首先，信息是共用品，一个人使用并不影响其他人也使用，因此排他成本高。其次，信息这种东西，别人没有看到、不了解，不知其价值，自然不愿出价购买，然而一旦看到、了解了，也就不需要出价购买了。因此，信息很难直接定价，而多采用间接定价的方式。

　　房屋中介我们最熟悉不过了，他们出售的本是房屋信息，但他们不能直接出售信息，而要把信息和服务捆绑在一起出售。当我们租房或者买房的时候，销售会带我们去看房子，在此过程中详细给我们介绍有关情况。以租房为例，一般第一个月的租金就是房产中介的回报。但就算把没有成交的情况考虑进来，其劳动报酬也偏高了，这高出的部分就是信息的价格。

　　医生、教师出售的也是信息（知识）。一种方法是，把它写成书出版，这时候就需要法律提供版权保护。专利、商标权、著作权等是法律确立的协助知识定价的重要手段。另一种方法是，医生通过坐诊、教师通过讲课，将其和劳务捆绑。名医的诊疗费上百元甚至上千元，几分钟时间就挣上千元，天下哪有这么贵的劳务？答案是：这其中包含了信息（知识）的费用。

可口可乐发明了一种做饮料的配方，它不直接卖配方，而是设法将其具体化为有形的产品（可口可乐），通过出售产品来获利。因为有形产品一般是私用品，容易阻止他人侵权使用。

或许我们忽视了，企业也是一部知识定价机制。企业家的才能是发现利润机会的知识和能力，这种知识和能力同样很难在市场上直接定价交易。那怎么办呢？那企业家就融资办企业，通过生产并销售产品和服务来获利。在此过程中，银行获得利息，工人获得工资，地主获得地租，企业家则获得利润。利润就是企业家才能的报酬。每一个企业都在为知识和能力进行着间接的定价，每一个企业都是一部知识和能力的间接定价机制。

很多科研人员并不是通过发表文章直接获利，而是通过诸如获得学位、评定职称、申请研究经费、成名成家等间接的方式来获利。我把文章"免费"发在公众号上，如果我的文章有意思，看的人就会多，腾讯的广告收入就多，我的广告分成相应地也就多。这也是一种间接定价。

多年前网上流行一则叫《买了中石油，生活不用愁》的段子，模仿赵本山、宋丹丹和崔永元的小品，模仿得惟妙惟肖，而对于中石油、中国平安两只股票的调侃简直令人过目不忘，给人的享受程度一点也不亚于看真的赵本山小品。在这个段子里，好多关键词都做了链接。当鼠标放在这些关键词上的时候，就有广告弹出来。例如，"股票"一词链接的是家庭理财的广告，"听说"一词链接的是实用口语特训班的广告，"生活"一词链接的是太太乐的广告。编写这样的段子需要付出相当的时间和心智，假如不能被定价并取得相应的回报，那么还有谁愿意去编写这样的段子呢？表面上，我们"免费"享受了段子，实际广告商们为这个段子的作者是付了费的，而读者由于受到广告的影响，会去购买商家的产品和服务，在这些产品和服务的价格中就包含了我们为这个段子所支付的费用。

我们看的电视似乎是免费的，实际上由于我们看了广告，因而是间接付了费的。这也带来一个有趣的话题：应不应该禁止在电视剧中插播广告？当然不应该，因为那样做的话，电视剧的质量就会下降。广告其实是一种对于知识的间接定价。天下没有免费的午餐，既不想看广告，又不想电视剧的质量下降的唯一办法，就是搞有线电视，直接购买看电视剧的权利。

报纸、杂志、电视台、广播电台不都在为信息（知识）进行间接定价吗？虽然他们在服务对象和付费方式上存在不少差别，但都在发挥着为信息（知识）间接定价的作用。

由此，我想到了侵权的话题。有位朋友因为好多网站不经同意便转载他的文章而叫苦不迭。我则劝他："这是好事，说明你的文章质量高啊！"我是乐于文章被转载的，注明出处即可。寂寂无名之辈，正愁没人知晓，而没有名气，知识是卖不上价钱的。微软在发展初期是不会动真格打击盗版的。对于具有网络效应并且边际成本几乎为零的软件产品，允许盗版其实是一种重要的促销手段。今天大多数人认可并使用微软的产品了，微软才动真格打击盗版。我认为，假如不是有人乐于被盗版，这个世界上的盗版侵权是不会如此盛行的。

这就是信息（知识）的间接定价机制。表面上，侵权与盗版破坏产权了，殊不知，在一定的条件下其也是间接定价的一种方式。这也是市场之所以神奇的地方。很多人总喜欢讲市场失灵，面对信息（知识）经济，这种声音似乎还有高起来的样子。然而，这个世界上绝大多数的信息（知识）是通过什么来生产、定价和交易的呢？是通过市场来生产、定价和交易的！"市场才是各种奇迹最经常的孵化器"，原《经济学消息报》总编高小勇先生则讲得更为肯定。

## ↑↑知识产权的争议

有人说，因为你用不影响我也用，因此知识不稀缺，不应该有产权。这是混淆了稀缺性和竞争性。你用不影响我也用，不是知识不稀缺，是其不具有竞争性。

稀缺性反映的是人的欲望的无限性与资源的有限性之间的矛盾。价格是稀缺性的度量。任何东西，只要不能免费获得，那么必定是稀缺的。只要是稀缺资源，就都有一定的产权安排，即有某种排他性权利安排，否则公地悲剧就会发生，这个稀缺资源的租值就会消散。

知识当然是稀缺的。美国指责中国用市场换技术，并称盗用其知识，如果知识不稀缺，怎么会有这种争议？这说明，知识不仅是稀缺的，而且是最宝贵的稀缺资源之一。

你用不影响我也用，只能说知识不具有竞争性，不能说知识不具有排他性。

产权是一种契约。如果大家约定，赋予知识的发明者排他权利，那么这个知识就有产权了。所以，不能用没有排他性来论证知识不需要产权保护，这是同义反复。

当然，执行排他权的成本有高有低。但排他成本高不等于没有排他性，除非排他成本高到执行排他权没有任何收益，而即便这样，也只是没有实际产权，还可以有名义产权。

有很多共用品，非竞争性很强，排他成本也高，然而有产权。例如灯塔，一只船用，不影响其他船也用，具有非竞争性，并且基本上无法阻止路过的船免费使用灯塔，因此排他成本高，但你不能说灯塔没有产权。又如，你家美丽的花园，你观赏，不影响我也观赏，具有非竞争性，并且你很难阻止我免费观赏，排他成本很高，除非你建一堵高墙，而这得不偿失。很显然，我不能说你家的花园没有产权。知识无非是一种共用品，不具有竞争性，排他成本高。

当然有无产权的知识，一些通用知识就找不到产权主人，但不能反过来说知识不应该有产权。现实中，有找不到主人的房子、车子，能不能反过来说，房子、车子就不应该有产权？

知识是发现的，不是发明的，因而不用保护？天然钻石也是发现的，你发现后，是不是也有我的份？

所有发明都是在旧知识的基础上产生的，因而不应该保护？但保护知识产权并没有限制你使用旧知识，任何人仍然可

知识就是藏在昆仑山底下的一颗颗璀璨钻石，需要产权保护

以无偿地使用旧知识去创造新知识。

其他资源会因为有产权的保护而被用到最高价值的地方，而知识、技术不会，因此不用保护知识产权？但这不是知识、技术的特性，而是所有共用品的特性。如果因此就不保护知识的产权，那么，是不是也不用保护其他共用品的产权？

是的，钻石你拥有，我就不能拥有，而知识你拥有，不影响我也拥有。但是，这不是不进行产权保护的理由。灯塔，你用不影响我也用，你家的花园，你欣赏也不影响我也欣赏，但得先有灯塔、花园，才可能共同使用。我们要保护大家建灯塔、花园的积极性。知识就是藏在昆仑山底下的一颗颗璀璨钻石，不进行产权保护，谁愿意投入资源去挖它呢？

知识，我发明了，你也可以独立发明，给了我排他权利，就限制你发明了。

这的确是一个有质量的问题。但是，在各种知识产权保护手段中，只有专利才会出现这样的情况。例如，像商标权、著作权就不会妨碍他人创新。总不能说，董小姐使用了"格力"两个字，就影响你使用这两个字了吧。如果没有商标权，谁也不会在"格力"两个字上投资。而有了商标权，"格力"两个字就可以值几十亿元。我的书，你可以从朋友那里免费借阅，但是你写文章使用我的原创观点，应该注明出处，你总不能连出处都懒得注明了。你拿去拍电影，赚了钱，我有权分享，但不要担心我敲竹杠、要高价，因为假如你赚不到钱，我也无从赚。商业就是要让他人也赚钱。那么，法律提供这样的知识产权保护，有什么不好吗？

的确，在法律保护知识产权的情况下，有人会恶意注册商标，然后等着坐收后来者的渔利。但天下没有免费的午餐，不可能说只享受保护知识产权的收益，却不承担因此而产生的代价。其实，解决这个问题不难，注册商标时收取一定的费用就可以大大避免这样的行为。

的确，知识可以自己保护（如商业秘密）。例如，法律没有明确保护菜品的产权，然而菜品的创新层出不穷。但这只能说，知识有多种多样的产权保护方式，并不能否定法律对某些知识产权提供保护的必要性。事实上，不同的保护方式各有利弊，分别适用于不同的情况。

严格来讲，没有绝对的自我保护产权一说。例如，法律的确没有明确保护菜品的产权，你可以购买别人的新菜品，然后模仿，但是不能跑进别人的后厨免费观摩。就是说，你多少还是要付一点费用的。产权是人们之间的一种契约约定。道德、法律都是社会惩戒，区别只在于强制程度不同。完全自我保护，那是狮子做的事。狮子也会保护食物，但它们凭借的是武力，不像人类，通过法律、道德、风俗等社会契约来保护。狮子的社会没有产权。

　　法律保护的是创造知识的努力，而不是知识本身。产权表面上针对的是物，实际上针对的是人。产权保护有形的财产，根本上也是为了保护人们创造财富的积极性。如果不保护财产，丝毫不减少人们创造财富的积极性，那么即便对于有形的财产，也无需有产权。知识是人类进步最主要的资源，原则上，有产权保护，知识才可能发展得好。

# ↑↑专利不是行政垄断

有关知识产权的争议主要是针对专利的。反对专利的一个重要理由是，在专利保护的情况下，给了我排他权利，就剥夺了你发明同样知识和技术的机会，而你完全可以独立于我发明出同样的知识和技术。说得学术一点，就是专利带来垄断。

按照传统经济学的观点，垄断是有害的，至少不能实现社会最优。但实际上，垄断分普通垄断和行政垄断，前者是市场竞争的产物，是普遍产权保护的结果，后者是破坏市场竞争的产物，是破坏普遍产权保护的结果。普通垄断无害，只有行政垄断才有害。

专利特许与行政垄断是有本质区别的。行政垄断是无条件地只准你卖油，不许我卖油，只准你做电信，不许我做电信，要想进入市场的唯一的办法，就是结交有权发放牌照的行政部门。但专利只是不允许你在特定时间用我的技术去卖油、做电信，你可以发明自己的技术去卖油、做电信，过了有效期，你还可以用我的技术去卖油、做电信。

是的，法律赋予我专利权，就剥夺你发明同样知识和技术的机会了，而你完全有可能独立于我发明出同样的知识和技术。可问题在于，怎么证明你到底是独立发明的，还是受到了我的启发，或者是抄我的？每一个发明都能清晰界定吗？如果仅仅因此就否定专利，那么又怎么能调动那些冲着金钱回报才进行发明创造的人的积极性呢？毕竟发明是共用品，难收费。

爱迪生有很多重大发明，但他临终的时候并不富裕，因为他的很多钱都用于打官司了。但凡觉得别人盗用了他的技术，他就诉诸法律。如果没有专利，爱迪生还会有那么大的发明积极性吗？设想一下，假如没有专利，新冠疫情发生后，半年内生产出各种疫苗的可能性有多大？

再说，别人已经发明了，为什么还要重复发明一次呢？用重复发明的钱去购买别人的专利，不好吗？苹果公司申请了滑动解锁的专利，其他手机商是否就不能使用了？当然能用，付费就可以使用。那么，苹果公司会不会刻意索要高价呢？它会按照市价索要，但不能刻意抬高价格，因为价格太高，就没有人购买他的专利了。况且，现代企业经常是彼此购买专利，你向对手索要高价，那对手不以其人之道还治其人之身吗？试问：现在有哪个手机不是滑动解锁？其他手机因为使用滑动解锁专利就比苹果贵吗？

其实，专利只是剥夺了他人发明同样知识和技术的机会，并没有剥夺他人创新知识和技术的机会。瓦特在前人的基础上申请了专利，但专利保护的只是他的增量贡献，他人可以在前人的基础上沿着别的技术路线改良蒸汽机。甚至，他人还可以在瓦特蒸汽机技术的基础上继续创新，其创新部分也可以申请专利。逻辑上，只要技术真的好，瓦特必定会倒过来购买的。

的确，人们会用保密的方式保守最核心的技术，只拿非核心技术申请专利。例如，飞机发动机最核心的技术就是通过保密的方式保守的，假如你想拆开模仿，它就会自动损坏。但也有一些技术很难用保密的方式保守，怎么办？例如，新药投入巨大，可是易于模仿。

的确，专利制度也可能遏制创新。你可能说，如果没有专利保护，瓦特的蒸汽机发明出来后，在其基础上的改进会以更快的速度推进。可是，如果没有专利保护，或许蒸汽机需要更长时间才能问世，改进会以更快的速度推进又从何说起？你可以举专利遏制创新的例子，我可以举专利促进创新的例子，能够证明不应该保护吗？恐怕只能说明保护要适度。

专利公开内容，这有其积极的一面。即便投入不巨大，但收益巨大，假如没有专利保护，那么人们就会保守秘密，这对社会来说是巨大损失。早在17世纪初，英国的钱伯伦家族便已经发明了产钳，但一直被他们保密起来，直到18世纪中叶，产钳才被广泛应用。如果有专利保护，何至于要保守秘密一百多年？也不会死那么多的婴儿和产妇。

弗里德曼就讲过："假设我知道在石头上长出粮食的方法，如果没有私有产权，我没有动力将这一信息说出来。如果粮食有产权而信息没有，那么我会悄悄地种出粮食到市场上售卖。虽然我没有直接公布这一信息，但其他人看到我没有土地，只有石头，却能供应粮食，起码知道石头上可以种出粮食这回事。尽管怎样才能在石头上生产出粮食的关键信息仍然不为人知，但是其他人会竞争着寻找这种方法，总比原来完全不知道这个信息更容易找到这种方法。进一步，如果不但粮食有产权，信息也有产权（即有知识产权法），我会选择把这信息出售或者出租给最擅长生产粮食的人。"

的确，有人利用专利法搞流氓注册，然后收取专利费；也有公司玩弄专利制度，延迟专利保护期，获取高价格。但是，如果无法彻底否定专利制度，那么这就是必要的代价。

并不是指出某个东西有缺陷，就能否定这个东西。事物往往有两面性，并非非黑即白。正确的做法是，和替代选择相比较，然后做出选择。可是在经济生活中，替代选择经常并不出现。经济学不同于自然科学，无法做可控实验，很多东西既无法证实，也无法证伪，因此只能用演绎的理论去审视经验现象。经济学理论讲，责权利要统一，成本收益要匹配。假如投入巨大，却得不到回报，那么就没人有投资的积极性了。

发明的界定是非常复杂的问题。权衡利弊，法律对某些知识给予一定的强制保护，时期长短可以讨论，哪些知识需要这样的保护也可以讨论，但完全不要专利恐怕又太理性自负了。事实上，知识产权法本身也在尽力避免过度保护。在大午粮液和五粮液的官司中，"粮液"就不能作为商标被保护。微软的操作系统受到专利保护，但金山可以和微软在怎么做办公软件上展开竞争。

正交易费用的世界上没有"完美"。张三偷了东西，打 80板才不偷，李四偷了东西，打 20 板就不偷了，可是法律面前人人平等，都打 50 板。结果是，张三继续偷，李四却干不了活了。这是不是不合理、无效率？不是，因为有 13 亿人，我们没有办法准确知道每个人各打多少板正好不偷，只能法律面前人人平等，凡是偷了东西的，都打 50 板。我们不是生活在零交易费用的"理想"世界，而是生活在正交易费用的现实世界，无法也不能追求"完美"。

## 形形色色的知识产权

我们熟悉的专利权、商标权、著作权、地理标识等，都是知识产权的保护手段，这些保护手段有一个共同的特点，就是它们主要是通过法律对知识产权提供保护的。但知识产权的保护手段远远不止这些。

商业秘密是一种重要的知识产权保护手段。可口可乐最关键的配方没有申请发明专利，而是采用商业秘密的形式进行保护。飞机发动机最核心的技术就是通过保密的方式保守的。波音公司把飞机卖给他人，为什么不怕人模仿？因为假如你想拆开模仿，那么它就会自动损坏。商业秘密的好处是保护没有期限，坏处是丢了就没法维权。

我不大相信没有人能破解可口可乐的配方。但就算你破解了，生产出一模一样的饮料，只要你不能使用可口可乐的包装、logo，同样很难获得消费者的认同。这就是商标权对于知识产权的保护。

　　**获取知识需要很大的成本，这些成本起到了保护产权的作用**。例如，收藏市场上一般假货比真货多，而真货与假货的价格存在天壤之别，因此有关鉴定真伪的知识很值钱，但这知识来之不易，动辄需要十几年的学习研究，一般人是很难盗走的。一些技术人员发明了新的技术之后，就去自己开厂。这些技术也不容易学走，因此客观上起到了保护产权的作用。

　　**道德也可以保护产权**。如果我在学术文章中盗用他人的观点，被人发现后学校会给我处罚。但是我写的公众号文章，只要不整篇抄，一般是没有人管的。这个时候，道德谴责就起作用了。

　　有时候，单独的知识没有办法获利，需要和其他能力捆绑才能获利。例如，有人发现了新的商业模式，但无法用商业模式独立获得利益，需要和经营管理能力结合才能变现，这时经营管理能力就对商业模式提供了产权保护。

　　员工就职的时候不仅会签订保密协议，还会要求离职后 N个月之内不得从事同行业工作。这其实也是产权保护。

　　甚至，免费公开也是一种保护。例如，牛顿定律、欧氏几何是免费公开的。如果我把牛顿定律说成谢作诗定律，人们就会鄙视我。发明了欧氏几何，在今天就能当院士，在古代也会获得人们的无限崇敬。这就是收益。收益权是产权的重要内容之一。因此不能说免费公开就没有产权保护。学术上要求引注，也是知识产权保护的一种形式。

一般认为，盗版肯定是侵犯产权，怎么可能有保护产权的作用呢？但像 Windows 这样的互联网产品，由于具有网络效应（即使用的人越多，使用者从中获得的效用越大，人们就越愿意使用），并且边际成本几乎为零。因此，允许那些买不起正版软件的人使用盗版软件，客观上起到了阻止竞争对手的作用。而且，当收入提高后，曾经使用盗版的人很大可能会使用正版。我自己就是例子，年轻时收入低，使用的几乎全是盗版软件，后来收入高些后就都换成正版软件了。因此，盗版客观上起到了为正版做广告的作用。表面上，侵权与盗版破坏了产权，殊不知，在一定的条件下它们也可以成为保护产权的一种方式。

我讲这些形形色色的知识产权保护形式，是想让大家理解现实世界的复杂性，同时也希望大家明白，虽然法律对于我们的经济秩序至关重要，但法律也是一种昂贵的手段，打官司需要专业人才，需要耗费巨大的人力、物力，因此更多的其实是一些非法律的手段在起作用。

但是，其他手段也有自身局限。例如，道德有价，当利益足够大，人们就不会在意道德约束，这时强制的法律就必须上场。事实上，也可以用道德约束保护人们的有形财产、生命安全，为什么还要有法律的强制？法律的强制保护主要是针对那些道德等方式不足以惩戒模仿盗用的知识创新。具体哪些应该用法律强制保护，又该以哪种法律形式强制保护，没有办法穷举所有例子。实际上，法律也不是一成不变的。也许，有的知识今天需要法律提供强制保护，未来又不需要了；今天我们觉得不需要提供法律强制保护的，未来可能又需要。

## 知识经济的产权基础

今天，我们处于知识经济时代。当年丹尼森证明知识积累是发达资本主义国家最重要的增长因素，库兹涅茨也把知识力量以及与此相连的结构变化视为最重要的增长因素。但那时的经济不叫知识经济。这说明，知识在我们的时代更显重要了！

根据费歇尔的观点，凡是能够带来收入的都是资产，而资产的市值即资本。不要那么严格，大可以对资产与资本不做区分。于是土地是资本，货币是资本，劳力是资本，健康是资本，容貌是资本，智力是资本，知识、技能等都是资本。知识者，人力资本是也。劳力、健康、容貌、智力、技能等都是人力资本。

人力资本有什么特性呢？它又包含着什么样的经济含义呢？

人力资本有一个重要的产权特性。关于这个产权特性，周其仁教授做过生动的阐述，就是人力资本与个人不可分割，天然归属于自然的个人。人力资本的每一个要素，都无法独立于个人。人力资本还是一种"主动资产"，一旦产权残缺（产权束的一部或者全部受到限制），其价值就会立即贬损，甚至变得荡然无存，以至于这种资产似乎从来就不存在。

不是吗？优美的歌声是从歌唱家的喉咙中唱出来的，没有了歌唱家，也就没有了优美的歌声；娇美的容貌是长在姑娘的脸蛋上的，姑娘不在了，娇美的容貌也就消失了；知识是长在知本家的脑子中的，消灭了知本家，也就消灭知识了。这和物质资本不同。机器可以搬来搬去，厂房可以东拆西建，货币更能无腿而行天下。这些东西，可以从一个人手里转入另一个人手里而不会有价值损失，即使产权残缺，也不至于价值全损。

但是人力资本就不一样了。纵然国色天香，不高兴的时候也可以花容失色。最简单的种植劳动，目不识丁的农民要是不乐意干，出工不出力，神仙拿他也没辙。知识、技能就更麻烦了。知识分子完全可以对着电脑入神，心中却想着其他事情。君不见，当年"脸难看"的国营商场营业员，如今比西方世界的同行们微笑得更灿烂。君不见，当年在公家地里睡大觉的公社社员，包产到户后，早出晚归，干得正起劲呢。知识分子可是令无数英雄累弯了腰的，然而今天的学子学得最是刻苦

如今，知识可以卖钱！

认真，今天的发明创造超出过去不可以道里计。这是不难理解的。诚如张五常所指出的，只是因为中国几千年来直到现在，知识才可以卖钱。

巴泽尔和福格尔的工作有力地证明了人力资本的这一产权特性。

在奴隶制下，奴隶在法权上属于奴隶主，是其财产的一部分，但为什么历史上有一部分奴隶，不但积累了自己的私人财产，甚至还买下自己，成为自由民了呢？巴泽尔发现，奴隶是一种"主动财产"，不但会跑，而且事实上控制着自己劳动和努力的供给。奴隶主固然有权强制奴隶劳动，但由于奴隶的"主动财产"特点，奴隶主要想强制调度奴隶的体力和劳动努力，需要支付极其高昂的监督费用。为节约监督费用，如福格尔所发现的那样，奴隶主只好对奴隶实施激励：实行定额制，超过定额的部分归奴隶自己所有。于是一些能干的奴隶就可以拥有自己的私产了。而有了足够的财富，就可以赎买自由身份。

是的，人力资本是需要监督的。但是仅有监督是不充分的，也是不经济的。人力资本还需要激励。这是由人力资本天然属于个人并且是"主动资产"这一产权特性所决定了的。我们当然可以用宗教情怀去激励人力资本，也可以用意识形态去激励人力资本。但是，这些激励既不充分，也不可能持久。人力资本归根结底要通过产权安排去激励。人力资本要求承认并尊重其天然私有的产权性质。

人力资本要求承认并尊重其天然私有的产权性质，还可以从另一个角度来说明。

假设我有一个好的创意，那么我可以在市场上出卖我的创意吗？如果买方不了解我的创意，他是不愿意出价的。但如果买方了解了我的创意，他为什么还要花钱购买呢？那就申请专利？专利保护可是有极高成本的。例如，当年爱迪生有很多发明，专利无数，但是爱迪生死时并不富有，他的钱很多都用于打官司了。可见，并不是每一个创新都是适合申请专利保护的。对于企业家精神以及更一般的知识产品来说，很多时候市场不是最有效率的交易手段。

怎么办？我可以自己办企业生产产品和服务。在此过程中，银行获得利息，工人获得固定工资，我则获得利润。这利润也叫经济剩余。经济剩余就是我的创意和经营的报酬了。

我们讲企业家精神、知识、技能是极其重要的，但是企业家精神、知识、技能和别的经济物品没有两样：没有相应的回报，是不会有供给的。企业的剩余权利正是对企业家精神和各种创意的定价和回报。没有这种定价机制，好的管理方式是不会产生的，好的创意也是不会产生的。从交易和合约的角度讲，产权的实质不是别的，正是剩余索取权和剩余控制权。

　　是的，人力资本需要激励，人力资本要求承认并尊重其天然私有的产权性质。

　　人力资本需要激励，人力资本要求承认并尊重其天然私有的产权性质，于是其经济含义就不限于人力资本自身了，还需要非人力资本也具有相应的产权属性。不然的话，用什么去激励人力资本呢？从物质形态上讲，人力资本归根结底是要用物质和精神财富去激励的。中国几千年来零星的科学家是有的，但谈不上科学传统。这不只是儒家文化和科举制度造成的，私产缺少保障也是重要原因之一。须知，古代中国实行的是家庭所有制，而不是严格的私人所有制。

## 市场是个信息处理器

你喜欢苹果，我喜欢梨，可是资源有限，那么到底应该用来生产苹果还是生产梨？生产粮食时，既需要劳动力，也需要土地，那么它们各自的贡献到底是多少？

假如没有市场价格，那么即便是神仙，也回答不了这两个问题。

首先，价格是人们对于物品的边际评价。道理是这样的：既然人都追求利益最大化，假如你对物品的评价超过了市场价格，你就会买买买，在边际效用递减规律的作用下，直到最后一单位的效用正好等于市场价格，你才会停下来。因此不管什么人，也不管东西买来做什么用途，产品的边际效用都等于市场价格。你是女生，他是男生，马斯克富甲天下，我只是一个穷教书匠，但在边际上，我们对梨和苹果的评价是一样的，都等于它们各自的市场价格。

其次，价格是生产要素的边际贡献。设想，有一亩地，一个人种可以打 1000 斤稻子，两个人能打 1600 斤，三个人能打 1800 斤。在这里，每增加一个人，增加的产量越来越少，这就叫边际产量递减。那么，每个人的贡献到底是多少、应该分得多少斤稻子？答案是：每个人的贡献和应得的数量正好是边际产量，即第三个人带来的粮食增量，200 斤稻子。

最后一个人对粮食的贡献是 200 斤，这一点，大家不会有异议。但为什么第一个人、第二个人对粮食的贡献也是 200 斤呢？这是因为，假如让第一个人最后来，他能打的稻子也只是 200 斤，而不再是 1000 斤；让最后一个人第一个来，他打的稻子也将是 1000 斤，而不是 200 斤。第一个人之所以打得多，只是因为他先来，第三个人之所以打得少，只是因为他后来。第一个来和最后一个来的区别在于：第一个人自己使用 1 亩地，第三个人则只能使用 1/3 亩地。第一个人打的稻子多，是因为他用的地多，最后一个人打的稻子少，是因为他用的地少。他们交换次序后，打得一样多。这说明，他们的劳动贡献没有差别，都是 200 斤，差别是土地多寡造成的。农民应该按照自己的劳动贡献分稻子，也就是每人 200 斤。剩余的稻子是土地的贡献。例如，第一个人的 1000 斤产量中，800 斤其实是土地的贡献。

在均衡处，要素的边际贡献必将等于其市场价格。同样道理，如果其边际贡献大于市场价格，那么企业就会增加该要素的投入，在边际产量递减规律的作用下，直到最后一单位的产值正好等于其市价，才会停下来。于是，劳动者虽然不同，但他们的边际贡献都等于市场价格。

市价之所以重要，正是因为它把人们的主观评价在边际上做了客观的表达，使得可以分开来度量合在一起生产的要素的贡献，并且用市价给出了可观察的度量。这就大大方便了交易。否则，商人凭什么判断他的售价能够为大家所接受？老板又怎么评价员工的贡献呢？

价格指导我们生产。你是农民，可以种苹果，可以种梨，但资源有限，你把有限的资源用来种什么呢？如果没有价格，就难以决定。而如果有价格，那么就可以根据价格，把有限的资源配置到价值最高的项目上。苹果的价值高就种苹果，梨的价值高就种梨。你喜欢苹果，我喜欢梨，但我吃的梨相对来说比较多，梨的价格相对于苹果就会上升，农民自然就会把资源用在多种梨上。

价格指导我们分配。离开了价格，我们怎么知道一个人到底做了多少贡献呢？试想，能不能说一个人工作时间长，就说他的贡献大？又或者说，一个人流的汗水多，就说他的贡献就大？不能！所以，严格来讲，我们不应该追求产量最大，而应该追求盈利最多。

价格指导我们消费。鸡肉和牛肉都能提供蛋白质，那么我是选择吃鸡肉呢，还是选择吃牛肉？提供同样的蛋白质，谁的价格低我就选择谁。假如没有价格怎么办？那就很难不花冤枉钱。

众所周知，计划经济存在严重的软预算约束。所谓软预算约束，通俗地说，就是不考虑财务约束，乱花钱。企业知道自己亏损后国家一定会出手相救，自然就会高负债、乱花钱。

可是，为什么国家一定要向陷入财务困难的企业提供救助呢？原因是多方面的，其中一个重要的原因，并不是国家事后要对"亏损"企业实施救助，而是由于没有真正意义的价格，国家根本不知道谁是盈利的，谁是亏损的，因此没有办法，只能出手相救！

问个问题：如果价格是扭曲的，或者没有真正意义上的价格，那么正会计利润是不是就代表了盈利，就是有效率的？负会计利润是不是就代表了亏损，就是无效率的？

计划经济中的价格不反映资源的稀缺性，不具有严格的经济含义，不是真正的价格，叫做影子价格。没有真正的价格，我们不知道成本是多少，也不知道收益是多少，无法进行经济核算。没有真正的价格，我们不知道谁盈利，也不知道谁亏损，无法判定谁有效率、谁无效率。不知谁盈利、谁亏损，不知谁有效率、谁无效率，这才是计划经济下国家事后对"亏损"企业实施救助的根本原因，即是计划经济软预算约束的根本原因。

计划经济的失败不是别的失败，根本一点，是没有价格、没有信息的失败。

市场经济为什么做得好呢？因为市场经济下有了价格、有了信息。尽管市场经济下的信息未必就是充分的，但到底有了价格、有了信息。事实上，假如信息是完全的，那么计划经济和市场经济就是等价的，计划经济就不会失败了，我们也就不需要改革开放了。

有人说大数据时代可以搞计划经济了。朋友们，可能吗？计划经济的困难根本就不是计算能力弱，而是没有市场经济，数据就没有真实的经济含义。数据没有真实的经济含义，就算你的计算能力再强，又有什么意义呢？

价格绝非可有可无，也不是可以随便扭曲的。说小了，扭曲价格会导致租值消散，减少社会福利；说大了，没有价格，经济活动就不可能被有效组织，经济社会就无法富裕。

## 信息才是财富的主体

说到财富，人们容易想到房子、汽车这些有形的东西。但实际上，人类的财富更多的是以知识（信息）这样的无形资产而存在的。

山还是那些山，水还是那些水，为什么古代贫穷、现代富裕？因为现代多了知识。没有利用石油的知识，即便天然流淌出来的石油也没有任何价值，甚至还污染环境。而有了利用石油的知识，就可以用其提炼汽油、煤油，用作动力能源；用其提炼机油，用来润滑发动机；用其提炼聚酯纤维，用于生产布料等；剩下的渣滓，还可以生产沥青，用于道路铺设。

在工业革命以前，世界人均 GDP 是长期停滞的。在公元前 13000 年，也就是新石器时代，世界人均 GDP 只有 90 国际元（一种计价单位，1 国际元相当于 1990 年的 1 美元）。到公元前 1000 年，世界人均 GDP 才达到 150 国际元。就是说，经过一万多年，世界人均 GDP 才增长了 67%。到 1750 年，即距今两百多年前，世界人均 GDP 才上升到 180 国际元。也就是说，在这近三千年的时间里，世界人均 GDP 只增加了 20%。但在工业革命至今的两百多年时间里，世界人均 GDP 几乎呈现出直线上升的趋势。2000 年的时候，世界人均 GDP 已经达到 6600 国际元，是 1750 年的 36.7 倍。（安格斯·麦迪逊，《世界经济千年史》）

从工业革命到 2000 年的 250 年，只不过是人类 250 万年漫长历史的万分之一。但为什么就在这万分之一的时间里，人类能够完成生活质量的飞跃，实现从"大停滞"走向"大增长"呢？

其根本原因在于，工业革命后人们开始大范围利用资本品进行迂回生产。例如，本来要生产小麦，但我们不直接种小麦，而是先生产化肥、农药、播种机、收割机，然后再用这些资本品去生产小麦。这就是利用资本品迂回生产。迂回生产大幅提高了生产效率。

看得见的，是各种机器设备等有形资本的积累。看不见的，是每一种机器设备的背后，都有特定的知识和技术在做支撑。究其本质来说，有形资本不过是知识等无形资本积累的产物。

诸如技术诀窍、商业品牌这样的无形知识资产，比有形的物质资产重要得多。假定可口可乐在全球各地的有形资产被

如今，信息才是财富的主体

一把火烧光，只要它的品牌不受损，秘方不外泄，不过是受了点"皮外伤"；反过来，如果品牌受损，秘方外泄，即便有形资产完好无损，可口可乐也是万劫不复。德国和日本在"二战"后变成一片废墟，但其经济很快恢复并高速发展，这好像是一个谜。大火烧不到知识资产，战争也摧毁不了知识资产，德日在"二战"期间只是物质资产被摧毁，知识资产完好无损，这是他们的经济在战后迅速复苏的主要原因。

朱锡庆教授说得好：经济增长必然体现在知识增量上，没有知识增量就不可能有经济发展。直到 1978 年改革开放时，中国还是一个农业国家，80% 的劳动力从事农业生产。就是说，直到这个时候，中国劳动力的 80% 所拥有的是深耕细作的农业知识，严重缺乏工业生产知识。而由于从苏联引进计划经济制度，并且实行了 30 年之久，中国还严重缺乏市场交易知识。

知识增量只能有两个来源：一个是原创，另一个是向别人学。中国在刚改革开放时就找到了一个途径——引进知识。这个途径有两个特点：其一，中国从外国找到了学习源头，这个源头不止一个，而是好多个，东亚有源头，欧洲有源头，美国也有源头，具体的办法是合资办企业；其二，从外部引入源头后，内部又找到了一条低成本的知识传播途径——打工，边干边学，知识被低成本地传播了。这就是中国经济几十年高增长的知识源泉。

　　说知识是财富的主体，很多人能接受，但为什么要说信息是财富的主体呢？

　　信息无非比知识更广义一点。其实二者很难有严格的区分，哈耶克就将二者等价使用。你可能看过罗斯柴尔德家族那个故事，他们因为第一时间获知了拿破仑滑铁卢战役的胜负信息，让他们的银行几乎掌控了欧洲经济的命脉。支付宝模仿PayPal，微信模仿 ICQ，假如当初你能在第一时间见识 PayPal和 ICQ，没准你就是马云和马化腾。这就是信息即财富。

　　拼多多上有一种"白牌"产品，是为某个品牌代工的，没有自己的品牌。为了多挣钱，厂家有时也自己在拼多多上卖。同样的商品，贴标和不贴标，价格相差 3 倍。这就是品牌的价值。究其本质，商标是一种信号、一个信息，让消费者确信产品质量，免于搜寻和甄别。

　　还是以可口可乐为例，假如没有了配方秘密，没有了商标品牌，可口可乐的厂子还能值多少钱？进入信息经济时代，无形资产的重要性越来越大。没有电脑、手机，恐怕我们今天的生活会寸步难行，但没有软件，电脑、手机就没有任何用处。如今，智能机器人、无人驾驶正在全面替代人工。假如没有软件，这些智能机器人、无人驾驶汽车就是一堆废铁。像高通、三星这样的企业，专利已经是其最重要的收入来源，三星的有效专利数更是高达 80577 项。

## ↑信息不对称与逆向选择

著名的逆向选择理论（也叫"柠檬市场"理论）讲的是，由于信息不对称，市场上会只剩下劣质品。柠檬就是我们吃的水果柠檬，它在美国也是个俚语，意思是指那些成交了以后买家才发现有问题的汽车。

我们知道，买一辆汽车特别是二手车，有什么毛病，不是买车的时候就能够发现的，有时候你要开上一段时间，甚至要开上一年，经过四季气候的变化，才知道它到底有哪些问题。那么在这种情况下，二手车市场会有什么情况发生呢？"柠檬市场"理论回答的就是这个问题。

假设买家只知道市场上二手车质量的一个概率分布，但不知道具体每一辆车的质量。怎么办呢？买家就只能按照平均质量来出价了。但这样一来，那些质量高于平均水平的车主就会退出市场。

既然好车都不在市场上出卖了，于是买家又会进一步调低他们的平均估值。这个过程循环往复几次，卖家就都跑掉了，车市也就不存在了。因为信息不对称，市场崩溃了。

由于存在事前信息不对称，质量好的产品会选择退出市场，留在市场上的都是质量差的产品。因为这个原因，习惯上，人们把事前信息不对称问题叫做逆向选择问题。

注意，市场之所以崩溃，并不是因为市场里面有低端的产品。有低端的产品不是问题，低端的产品可以卖低价。其根本原因在于买家不知道每一件商品的具体品质。

阿克洛夫把信息不对称导致逆向选择称为市场失灵。主流经济学一直沿袭这种说法，视信息不对称为市场失灵的原因之一，并且认定垄断和外部性是市场失灵的另外两大原因。

很难想象，这种理论还获得了诺贝尔经济学奖。因为在现实中，瓜子二手车、优信二手车，还有众多其他二手车市场，已经打败了关于信息不对称导致"二手车市场崩溃"的结论。

市场经济是交易经济。有交易还不叫市场经济，为交易而生产才叫市场经济，至少才能叫现代市场经济。传统农业社会也有交易，但那时的交易主要是为了调剂余缺。现代市场经济几乎都是为他人而生产，所以市场经济本质上也是专业化和分工的经济。而专业化和分工的经济一定是一个信息不对称的经济。市场经济与信息不对称与生俱来。可以这样讲，没有信息不对称就不叫市场经济，至少不能叫现代市场经济。因此，信息不对称导致市场失灵从何说起？

　　主流经济学从阿克洛夫的旧车市场模型，得出关于信息不对称会导致市场失灵的结论，这完全是错误的。"柠檬市场"理论只能被当做一个理论分析的基准、参照系来对待，要点不是以此得出信息不对称会导致市场失灵，而是解读人们用什么办法避免所谓的市场失灵发生。正如租值消散定理之要点，并不在于说明产权不清租值就会消散（虽然产权不清租值确实会消散），而在于解读人们会用什么办法来减少租值消散。又如外部性理论之重点，不在于说明外部性会导致市场失灵，而在于解读人们都想了怎样的办法，来克服彼此之间的相互影响。

　　从卖方的角度讲，他会向买方发送信号，以证明产品质量。例如，在房地产行业，开发商主动设置施工样板、工地开放日，邀请准业主们参观。又如，卖橘子的时候故意留两片叶子，这能够说明橘子的新鲜程度。再如，商家向消费者承诺，保修三年或者七天无条件退货，这样就向消费者发送了产品质量可靠的信号。

　　从买方的角度讲，他会对卖方进行信息甄别，以确保产品质量。例如，在聘用员工的时候，企业主并不知道应聘者的真实能力，怎么办呢？这时企业主可以设计不同的岗位目标和薪酬待遇，让应聘者自己挑选。这就是一种对能力的甄别机制。又如，年龄稍大的人身体有病的概率会大得多，当他们购买健康保险的时候，保险公司会要求他们提供医院的体检报告。这也是一种信息甄别的手段。

当然，信号发送、信息甄别不是解决信息不对称的唯一方法。商标、品牌、中介、行业协会、职称评定……都是在解决信息不对称问题。

分工和专业化给人类带来无法估量的利益，而其又必然产生信息不对称。因此，信息不对称是人类社会固有的特征，除非大家愿意倒回去做一个自给自足的农民。但在自由市场中，信息不对称不是一个问题，因为在这样一种经济中，交易是自愿的，如果因为遭受不对称信息的损害而没有从分工和专业化中受益，那么他们就会选择不交易，回到自给自足的状态中去。人们没有选择自给自足，相反选择了分工和专业化，只能说明，他们从分工和专业化中受益了。

信息不对称不是市场失败，恰恰是市场成功。市场在分工提高效率和分工产生信息不对称之间寻找平衡，市场永远是和信息不对称相伴随的，市场又总是在想各种办法来克服信息不对称。在自由市场中，信息倾向于提供得既不会不够，也不会过多。作为信息不对称理论，其重点应该放在研究人们都用了哪些办法，既获取了分工的好处，又克服了信息不对称的坏处。

## ↑↑信息不对称与道德风险

签订合同后，由于信息不对称而发生偷懒违约的行为，这个就叫做道德风险。比如你是老板，我是职员，找工作的时候，我承诺会尽心尽力工作，然而签订雇佣合同之后我又有偷懒的激励，毕竟在雇佣合同下，我们属于合作生产，劳动成果由双方共同分享。

事后信息不对称的问题，也叫委托代理问题。典型的委托代理问题是雇佣与被雇佣问题。

防止道德风险的办法是，老板设计一个合约：第一，在这个合约下，我愿意做你的雇员，这个也叫参与约束；第二，在这个合约下，我主观上追求自身利益最大化，客观上也实现了你的利益最大化，就是把我的利益和你的利益捆绑在一起，兼容起来，这个叫激励兼容约束。

假设两个人合作才能生产出产品来，并且需要一个人在阳光下工作，另一个人在黑暗中工作。那么，在这种情况下，要怎样签订合约，才能最大限度地避免道德风险呢？

在签订雇佣合同的时候，一些事项会明确约定，比如员工每个月上几天班，工资是多少，但还有很多事项无法明确约定，那么这些没有约定的事项谁说了算呢？经济学家把决定未约定事项的权利叫做剩余控制权，把总收入减去固定支出的部分叫做剩余收入。在上述的例子中，让在阳光下工作的那个人拥有剩余控制权，获取剩余收入，让黑暗中工作的那个人拿固定工资，听前者的安排调度。道理不难理解，如果黑暗中的那个人拿固定工资，阳光下的那个人获得剩余，那么黑暗中的那个人偷懒，该怎么监督呢？

老板"雇佣"工人干活，产出既决定于工人的努力程度，也决定于其他一些观察不到的因素。一般来说，有三种合约可供选择：一是"老板得剩余，工人得固定工资"；二是分成合约，按比例分成；三是"老板得固定工资，工人得剩余"。之所以给雇佣一词上加上引号，是因为假如是第二种合约，那么是谁雇佣谁呢？而如果是第三种合约，其实是工人在雇佣老板。

如果老板的工作重要且不易监督，那么"老板得剩余，工人得固定工资"的合约就会出现；如果老板和工人的工作都重要且都不易监督，那么分成合约就会出现；如果工人的工作重要且不易监督，那么"老板得固定工资，工人得剩余"的合约就会出现。

可见，委托代理关系中委托人和代理人的地位并不是事前决定的，而是事中决定的。换言之，委托人和代理人地位之确立不是签订合约的原因，而是签订合约的结果。

千百年来，人们一直认为"井田制"是一种土地产权界定形式，但那时土地不稀缺，劳动稀缺，因此我们应该观察到那个时代精致的劳动使用合约，而不是精致的土地使用合约。

**任何时候劳动分工都能提高生产率**。由于当时没有货币，也缺乏经常性市场，因此直接交换劳动本身就成为实现劳动分工的最有效方式。也就是说，贵族负责提供安全等公共服务，村民则直接去帮贵族种田。可是村民帮贵族种田毕竟不是给自己种，他可能有偷懒的激励，也就是存在道德风险。怎么办呢？办法就是把贵族的"公田"分成"井"字形状的大小相等的小方块，然后你们家种这一块，他们家种那一块，种完了贵族的"公田"，再回去种自己的私田，这样，就避免了偷懒这样的道德风险发生。所以，"井田制"是祖先发明的一种精致的劳动使用合约。

这二十年来，我一直给报纸杂志写文章。他们通常用两种方式给我付稿费：一种是按篇付费，你给我写一篇1500字的文章，我给你1000元；另一种办法是你写多少字都没有关系，我们把书卖了以后，赚回来的钱给你10%。大家想一想，两种方式下，我的行为有什么差别？

在第一种付费方式下，我会有图快的激励。但 1500 字的文稿，编辑很容易鉴定质量高不高，如果质量达不到报纸的要求，那么编辑可以拒绝刊用。因此在这种情况下，使用按篇付费也无妨。但如果是大部头的书稿，编辑看一遍就要花很多时间，也就是鉴定书稿质量的成本太高，那么就会采用后一种方法。在分成的方法下，我不可能图快而不关注质量。

购买保险后，司机的的确确可能增加冒险行动。但是，保险公司不是傻瓜，它会根据司机的事故率确定保费。就是说，假如你今年事故率高，那么明年买保险的时候保费就会上调，这样就可以约束司机的道德风险。

所以，哪里是教科书里所讲的，信息不对称就会产生道德风险，导致市场失灵。信息不对称可能产生道德风险，但这是分工和专业化必须承受的代价。约束下利益最大化公理意味着，人们一定会想方设法利用分工和专业化的好处，同时克服信息不对称可能导致的坏处，并且人们从分工和专业化中获得的好处一定超过了因信息不对称而产生的坏处。经济学之重点，根本不应该是说明信息不对称会导致市场失灵，而应该是说明人们是怎样想办法，以及想了怎样的办法，来克服信息不对称下可能的道德风险。"井田制"的例子则告诉我们，至少在三千年前，古人就想到了绝妙的克服信息不对称、避免道德风险的方法。